Editionen für den Literaturunterricht
Herausgeber: Dietrich Steinbach

Naturlyrik vom Barock bis zur Gegenwart

W0204125

mit Materialien

Ausgewählt und eingeleitet
von Günter Schütz

Ernst Klett Schulbuchverlag
Stuttgart Düsseldorf Berlin Leipzig

[ ] Vom Herausgeber eingesetzte Titel.
* Vom Herausgeber eingesetzte Fußnoten.
e Entstehungsjahr.
v Erstveröffentlichungsjahr.

1. Auflage 1 7 6 5 4 3 | 1995 94 93 92 91

Alle Drucke dieser Auflage können im Unterricht nebeneinander verwendet werden. Die letzte Zahl bezeichnet das Jahr dieses Druckes.
© Ernst Klett Schulbuchverlag GmbH, Stuttgart 1985.
Alle Rechte vorbehalten.
Umschlag: Zembsch' Werkstatt, München/Klett Verlag, Stuttgart.
Fotosatz: Setzerei Lihs, Ludwigsburg.
Druck: Ludwig Auer GmbH, Donauwörth.
ISBN 3-12-351880-9

Inhaltsverzeichnis

Gedichte seit 1950

Vorwort

Eine Sammlung zur deutschsprachigen Naturlyrik braucht sich heute nicht mehr ausdrücklich zu rechtfertigen. Daß dies so (geworden) ist, bleibt allerdings bedenklich und fordert zum bedachten Umgehen mit ihr heraus. Der Zeitgenosse erfährt sich als Teil einer Natur, der nicht mehr nur partielle Zerstörung droht, wenn er nicht seine Verantwortlichkeit, Selbstdisziplin und Erfindungsgabe zu ihrer und seiner Rettung aufbietet. Auch ästhetische Erfahrungen an Naturdichtung mögen zu Hilfe kommen, wenn sie in einen Erlebenshorizont eingehen und in einen kommunikativen Prozeß münden, die, wenn auch ausgesprochen jenseits einer rationalistisch verkürzten Wahrnehmungsweise, keinem neuen alten Irrationalismus aufsitzen. Eine retrospektive, naturlyrisch verbrämte Flucht in die Natur verschaffte (wieder einmal) kein Heil, bestenfalls ein Stückchen persönlicher Heilung, was nicht wenig ist, aber auch nicht genug. Dagegengesetzt sei eine Beschäftigung mit Naturgedichten, die sich klarsichtig, hellhörig und behutsam-empfänglich einläßt auf ein wiedergefundenes ›Subjekt‹ Natur – aufgefunden in Sprachformen, deren Poetizität, deren unbeliebig-mehrdeutiger Bild- und Zeichencharakter die Natur der nur begrifflichen Einvernahme entziehen und vielschichtigere Zugänge des Verstehens eröffnen.

Wir haben diese kleine Anthologie nicht erarbeitet, um anschließend stracks definieren zu können, was das denn genau sei: Naturlyrik. Auch nicht um einer Antwort willen auf die Frage nach der Zulässigkeit eines solchen Etiketts. Wir haben Gedichte zusammengestellt, deren bestimmende Bildlichkeit oder deren Gegenstand der ›Natur‹ entstammt. Die vorliegende Sammlung will Vielfalt vorweisen, der Formen und Gehalte, sozusagen, der Themen und Motive, Andersartigkeit und Kontinuität von Zugangsweisen im Laufe der Jahrhunderte. Sie soll Fortdauern und Umbruchstellen zeigen im poetischen Diskurs mit der Natur und erkennbar machen, daß Dichtung selbstreflexiv, also auch Dichtung über Dichtung ist, daß sprachliche Muster Versprechen und Verführung, Wegweiser und Täuschung bereitstellen. Die Auswahl braucht notwendigerweise die Bereicherung um die Perspektiven heutiger Leser, ebenso wie die Nachfrage zu der jeweils zeitgenössischen Rezeption.

Die Gedichte sind, mit einer uns zugänglichen Genauigkeit, streng chronologisch nach Entstehungs- oder Veröffentlichungsdaten geordnet, weil so Gleichzeitigkeiten und Ungleichzeitigkeiten deutlich sichtbar werden und weil das Nebeneinander (in der historischen Konsituation) augenscheinlich machen kann, wie auch poetischer Naturerfahrung ihre individuelle und gesellschaftliche Interessenlage eingebunden ist. Der aufmerksam-verweilende Leser wird selber (oder angeleitet) den produktiven Vergleich, z.B. von Motiven, über die Zeiten suchen und in den reichhaltig angebotenen Texten leicht finden.

Soweit wir auf frühe Druckvorlagen zurückgegriffen haben, wurden die Schreibweisen beibehalten und die widerstandbildende Differenz einer glättenden Vereinheitlichung vorgezogen. Auch wurde weitgehend auf Anmerkungen und Kommentare verzichtet, um ein ›konsumierendes‹ Lesen zu erschweren und zur selbständigen Erarbeitung anzuregen. Wir glauben uns dazu aus der Überzeugung gerechtfertigt, daß ohne Anstrengung sich aus den möglichen ästhetischen Erfahrungen keine Haltung entwickeln kann, die fürsorglicher mit der uns verbliebenen Restnatur umzugehen sich vornehmen will.

Auch wenn es ein Gemeinplatz ist, soll es wieder gesagt werden: Eine Auswahl bleibt subjektiv, auch wenn sie sich von einem sachlichen Konzept leiten läßt und die Benutzerinteressen mitdenkt. Sie kann nur einen Überblick bieten, der sich weder nur am Bekannten noch nur am Unbekannten festmachen kann. Wir bitten um Verständnis und Nachsicht bei denen, die ihnen Vertrautes vermissen und anderes ausgewählt hätten.

Gedichte des 17. Jahrhunderts

Paul Fleming: An die Bienen

Schlagt eure Werckstatt auff in dieser Linden hier /
die hohl ist von Natur / Ihr Honig-meisterinnen.
Die Aue hier / durchnåsst mit so viel kalter Brůnnen /
die bringt gesundes Graß und feisten Klee herfůr.
  Hier wircket euer Werck / das sůße / nach Begier.
Hier pfleget offt zu gehn der Preiß der Venusinnen /
Konkorda meine Lust / die gantz mein Hertz' hat innen.
Weil ich sie lassen muß / so wachet ihr bey ihr.
  Geschieht es / daß vielleicht' ein ander ihr schleicht nach /
in dem Sie bey euch ist / und diesen scho̊nen Flůssen
und will mit Hinter-list ihr sůßes Můndlein kůssen /
  das euch auch sůßer macht / so sollt ihr meine Schmach /
Ihr Feinde der Gewalt / aus rechtem Eifer rechen /
und diesen frechen Mund alsbald zu tode stechen.

(1642 v)

Johann Klaj: Pegnesisches Schäfergedicht

(Ausschnitt)
    Schöne Linde
    Deine Rinde
Nehm den Wunsch von meiner Hand:
  Kröne mit dem sanfften Schatten
  Diese stets begrasten Matten /
Stehe sicher vor dem Brand;
  Reist die graue Zeit hier nieder
    Deine Brüder /
Sol der Lentzen diese Aest'
  Jedes Jahr belauben wieder
Vnd dich hegen Wurtzelfest.

(1644 v)

Martin Opitz: An die Bienen

Ihr Honigvögelein / die jhr von den Violen
Vnd Rosen abgemeyt den wundersüssen Safft /
Die jhr dem grünen Klee entzogen seine Krafft /
Die jhr das schöne Feld so offt vnd viel bestohlen /
  Jhr Feldeinwohnerin / was wollet jhr doch holen
Daß so euch noch zur Zeit hat wenig Nutz geschafft /
Weil jhr mit Dienstbarkeit deß Menschen seyd behafft /
Vnd jhnen mehrentheils das Honig musset zohlen?
  Kompt / kompt zu meinem Lieb' anff jhren Rosenmund /
Der mir mein kranckes Hertz hat jnniglich verwundt /
Da solt jhr Himmelspeis' auch vberflüssig brechen:
  Wann aber jemand sie wil setzen in Gefahr /
Vnd jhr ein Leyd anthun / dem solt du starcke schar
Für Honig Galle seyn / vnd jhn zu Todte stechen.

(1644 v)

Martin Opitz: Vberschrifft eines Gartens

Gott erstlich / die Natur zum andern / vnd der fleiß /
Zum dritten / dieses bringt den Gärten jhren preiß.
Du aber / wann du sihest die zarten Blumen stehen /
Gedencke daß wir auch bald blühen / bald vergehen.

(1644 v)

Paul Gerhardt: [Abendlied]

1. Nun ruhen alle Wälder, Vieh, Menschen, Städt'
und Felder, es schläft die ganze Welt. Ihr aber,
meine Sinnen, auf! auf! ihr sollt beginnen, was
eurem Schöpfer wohlgefällt.

2. Wo bist du Sonne blieben? die Nacht
hat dich vertrieben, die Nacht, des Tages Feind.
Fahr' hin, ein' andre Sonne, mein Jesus, meine
Wonne gar hell in meinem Herzen scheint.

3. Der Tag ist nun vergangen, die güldnen Sternlein prangen am blauen Himmelssaal. So, so werd' ich auch stehen, wenn mich wird heißen gehen mein Gott aus diesem Jammerthal.

4. Der Leib eilt nun zur Ruhe, legt ab das Kleid und Schuhe, das Bild der Sterblichkeit; die zieh' ich aus, dagegen wird Christus mir anlegen den Rock der Ehr' und Herrlichkeit.

5. Das Haupt, die Füß' und Hände sind froh, daß nun zum Ende die Arbeit kommen sey. Herz, freu dich, du sollt werden vom Elend dieser Erden und von der Sündenarbeit frei.

6. Nun geht, ihr matten Glieder, geht, geht und legt euch nieder, der Betten ihr begehrt; es kommen Stund und Zeiten, da man euch wird bereiten zur Ruhe ein Bettlein in der Erd.

7. Mein' Augen stehn verdrossen, im Hui sind sie geschlossen; wo bleibt dann Leib und Seel? Nimm sie zu deinen Gnaden, sey gut für allen Schaden, du Aug und Wächter Israel.

8. Breit' aus die Flügel beide, o Jesu, meine Freude und nimm dein Küchlein ein. Will Satan mich verschlingen, so laß die Englein singen: dies Kind soll unverletzet seyn.

9. Auch euch, ihr meine Lieben, soll heute nicht betrüben kein Unfall noch Gefahr; Gott laß euch ruhig schlafen, stell euch die güldnen Waffen ums Bett und seiner Helden Schaar.

(1648 e)

Angelus Silesius:

Die Gottheit ist das Grüne

Die Gottheit ist mein Saft; was aus mir grünt und blüht,
Das ist sein heilger Geist, durch den der Trieb geschieht.

Die Rose

Die Rose, welche hier dein äußres Auge sieht,
Die hat von Ewigkeit in Gott also geblüht.

Ohne warum

Die Ros' ist ohn' warum; sie blühet, weil sie blühet,
Sie acht' nicht ihrer selbst, fragt nicht, ob man sie siehet.

(1657 v)

Andreas Gryphius: An die Sternen

Ihr Lichter / die ich nicht auff Erden satt kan schauen /
Ihr Fackeln / die ihr Nacht und schwartze Wolcken trennt
Als Diamante spilt / und ohn Auffhören brennt;
Ihr Blumen / die ihr schmückt des grossen Himmels Auen:
Ihr Wächter / die als Gott die Welt auff-wolte-bauen;
Sein Wort die Weißheit selbst mit rechten Namen nennt
Die Gott allein recht misst / die Gott allein recht kennt.
(Wir blinden Sterblichen! was wollen wir uns trauen!)
Ihr Bürgen meiner Lust / wie manche schöne Nacht
Hab ich / in dem ich euch betrachtete / gewacht?
Herolden diser Zeit / wenn wird es doch geschehen /
Daß ich / der euer nicht allhir vergessen kan /
Euch / derer Libe mir steckt Hertz und Geister an
Von andern Sorgen frey werd unter mir besehen?

(1663 v)

Christian Hofmann von Hofmannswaldau: Frühlings-gedancken

Kom / Cynthia / der frühling tritt heran /
Die blume wil nicht in der knospe bleiben /
Die nachtigal stimmt ihre lieder an /
Und will die zeit mit liebligkeit vertreiben;
Der weinstock weint zum zeugen seiner lust /
Daß Phöbus ihn mit neuen augen grüsset /
Feld / thal und berg schmückt lenden / schooß und brust /
Wenn Flora sie mit buntem munde küsset.
Es rühren sich die kräffte der natur /
So durch den frost vor diesem war verschlossen /
Was adern hat / konnt auff der liebe spur /
Und was der thau des himmels hat begossen.
Cupido reist auff seine laute zu /
Die saiten sind des leibes beste sehnen /
Ich / Cynthia / verliehre trost und ruh /
Bewegen dich nicht meine heisse thränen?
Komm / Cynthia / bewege geist und fuß /
Und komm mit mir in einen schlechten garten /
Der blumen schar empfindet fast verdruß /
So lang auff dich / mein schönes licht / zu warten.
Was noch der frost mit schlechten banden drückt /
Und eine lufft des weissen nordens bindet /
Wird alsobald erlöset und erquickt /
Wenn sich der glantz von deinen sonnen findet /
Trit frölich zu / denck auff die blumen nicht /
Dieselben durch die füsse zu verderben /
Es ist ihr wunsch also seyn zugericht /
Und durch den fuß / der himmlisch ist / zu sterben.
Doch liebest du vielmehr die süsse ruh /
Und bist gesinnt dich in das graß zu setzen /
So läst es dir auch diese freyheit zu /
Wie solte sie das schöne theil verletzen.
So trachte nur / weil erd und himmel lacht /
Die schöne zeit nicht schläfrig zu verliehren.
Erwege doch, was jener sperling macht /
Es will der schalck uns in die schule führen.

Schau was man dort mit jener schmate thut /
Man nimt den stock und pfropffet in die krinne /
Es regt in mir sich adern geist und blut /
Komm / daß ich auch dergleichen spiel beginne.

(1697 v)

Gedichte des 18. Jahrhunderts

Barthold Hinrich Brockes: Frůhe Knospen an einem Birn-Baum

Ein Birn-Baum von sehr frůher Ahrt
eigt' allbereits im Merz die Knospen seiner Blůhte.
Dieß tråchtige Gewåchs, das noch so zart,
Besah ich mit betrachtendem Gemůte,
Und ward mit reiner Lust erfůllt,
Als ich nicht nur die zarte Zierlichkeit
Der Knospen selbst, die Vollenkommenheit
Der Blåtter, die sie eingehůllt,
Die kleinen Knoten mit fůnf Spitzen,
Worin die zarten Bluhmen sitzen,
Samt ihren schlanken Stielen, sahe,
Nein gar, wie jeden Teil ein zartes Pelz-Werk schmůckte
Von weissen Zåferchen, vor Lust erstaunt, erblickte;
So daß mir gar zuletzt dieß weiß-gemischte Grůn
Durch einen geistigen Verstand
Und, mehr von unsichtbarer Hand
Gebildet, als gewachsen, schien.
Wodurch ich denn gerůhrt, von GOttes Macht und Liebe
Zu Seiner Ehr' und meinem Troste schriebe:
  Du Allmachts-voller GOtt, der Du so wunderbar
  In jeder Creatur, in allen Deinen Werken
  Macht, Lieb' und Weisheit låssest merken,
  Der Du so gar
  In weissem Sammt, in weicher Seiden
  Die frůhe Blůht des Birn-Baums pfleg'st zu kleiden,
  Um fůr sie drohende Gefahren
  Des spåten Frosts sie zu bewahren;
  Ach warum soll denn ich mit kindlichem Vertrauen
  Auf Deine Lieb' und Vater-Treu nicht bauen,
  In fester Zuversicht, Du werdest hier im Leben,
  Den Meinigen und mir leicht Kost und Kleider geben.

(1721 v)

Albrecht von Haller: Die Alpen

(Ausschnitte)

XVIII.

So bald der rauhe Nord der Lüfte Reich verlieret,
Und ein belebter Saft in alle Wesen dringt,
Wann sich der Erde Schoos mit neuem Schmucke zieret,
Den ihr ein holder West auf lauen Flügeln bringt;
So bald flieht auch das Volk aus den verhaßten Gründen,
Woraus noch kaum der Schnee mit trüben Strömen fließt,
Und eilt den Alpen zu, das erste Gras zu finden,
Wo kaum noch durch das Eis der Kräuter Spitze sprießt:
Das Vieh verläßt den Stall, und grüßt den Berg mit Freuden,
Den Frühling und Natur zu seinem Nutzen kleiden.

XIX.

Wenn kaum die Lerchen noch den frühen Tag begrüssen,
Und uns das Licht der Welt die ersten Blicke giebt,
Entreißt der Hirt sich schon aus seiner Liebsten Küssen,
Die seines Abschieds Zeit zwar haßt, doch nicht verschiebt:
Dort drängt ein träger Schwarm von schwerbeleibten Kühen,
Mit freudigem Gebrüll, sich im bethauten Steg:
Sie irren langsam hin, wo Klee und Muttern[1] blühen,
Und mäh'n das zarte Gras mit scharfen Zungen weg:
Er aber setzet sich bey einem Wasser-Falle,
Und ruft mit seinem Horn dem lauten Widerhalle.

XX.

Wann der entfernte Strahl die Schatten dann verlängert,
Und nun das müde Licht sich senkt in kühle Ruh,
So eilt die satte Schaar, von Ueberfluß geschwängert,
Mit schwärmendem Geblöck gewohnten Ställen zu.
Die Hirtin grüßt den Mann, der sie mit Lust erblicket,
Der Kinder muntrer Schwarm frolockt und spielt um ihn.

---

(1) Ein Kraut, das in den Weiden allen anderen vorgezogen wird (A. v. H.).

Und, ist der süsse Schaum der Euter ausgedrücket,
So sitzt das frohe Paar zu schlechten Speisen hin.
Begierd und Hunger würzt, was Einfalt zubereitet,
Bis Schlaf und Liebe sie umarmt ins Bett begleitet.

XXI.
Wann von der Sonne Macht die Wiesen sich entzünden,
Und in dem falben Gras des Volkes Hofnung reift;
So eilt der muntre Hirt nach den bethauten Gründen,
Eh' noch Aurorens Gold der Berge Höh durchstreift.
Aus ihrem holden Reich wird Flora nun verdränget,
Den Schmuck der Erde fällt der Sense krummer Lauf,
Ein lieblicher Geruch aus tausenden vermenget,
Steigt aus der bunten Reyh gehäufter Kräuter auf:
Der Ochsen schwerer Schritt führt ihre Winter-Speise,
Und ein frolockend Lied begleitet ihre Reise.

(1732 v)

Johann Peter Uz: Der Schåfer

Arkadien! sey mir gegrůßt!
Du Land beglůckter Hirten,
Wo unter unentweihten Myrthen
Ein zårtlich Herz allein noch růhmlich ist!

Ich will mit sanftem Hirtenstab
Hier meine Schafe weiden.
Hier, Liebe! schenke mir die Freuden,
Die mir die Stadt, die stolze Stadt nicht gab.

Wie schåfermåssig, wie getreu
Will ich Climenen lieben,
Bis meinen ehrfurchtvollen Trieben
Ihr Mund erlaubt, daß ich ihr Schåfer sey!

Welch sůßem Traume geb ich Raum,
Der mich zum Schåfer machet!
Die traurige Vernunft erwachet:
Das Herz tråumt fort und liebet seinen Traum.

(1756 v)

Friedrich von Hagedorn: Anacreon

In Tejos und in Samos
Und in der Stadt Minervens
Sang ich von Wein und Liebe,
Von Rosen und vom Frůhling,
Von Freundschaft und von Tånzen;
Doch ho̊hnt ich nicht die Go̊tter,
Auch nicht der Go̊tter Diener,
Auch nicht der Go̊tter Tempel,
Wie hieß ich sonst der Weise?

Ihr Dichter voller Jugend,
Wollt ihr bey froher Musse
Anacreontisch singen;
So singt von milden Reben,
Von rosenreichen Hecken,
Vom Frůhling und von Tånzen,
Von Freundschaft und von Liebe;
Doch ho̊hnet nicht die Gottheit,
Auch nicht der Gottheit Diener,
Auch nicht der Gottheit Tempel.
Verdienet, selbst im Scherzen,
Den Namen echter Weisen.

(1757 v)

Johann Wolfgang von Goethe: An den Mond

Schwester von dem ersten Licht,
Bild der Zärtlichkeit in Trauer,
Nebel schwimmt mit Silberschauer
Um dein reizendes Gesicht.
Deines leisen Fußes Lauf
Weckt aus tagverschloßnen Höhlen
Traurig abgeschiedne Seelen,
Mich, und nächt'ge Vögel auf.

Forschend übersieht dein Blick
Eine großgemeßne Weite.

Hebe mich an deine Seite,
Gib der Schwärmerei dies Glück!
Und in wollustvoller Ruh
Säh' der weitverschlagne Ritter
Durch das gläserne Gegitter
Seines Mädchens Nächten zu.

Dämmrung, wo die Wollust thront,
Schwimmt um ihre runden Glieder.
Trunken sinkt mein Blick hernieder –
Was verhüllt man wohl dem Mond!
Doch was das für Wünsche sind!
Voll Begierde zu genießen,
So da droben hängen müssen –
Ei, da schieltest du dich blind!

(1770 v)

Friedrich Gottlieb Klopstock: Die Sommernacht

Wenn der Schimmer von dem Monde nun herab
In die Wälder sich ergießt, und Gerüche
Mit den Düften von der Linde
In den Kühlungen wehn;

So umschatten mich Gedanken an das Grab
Der Geliebten, und ich seh in dem Walde
Nur es dämmern, und es weht mir
Von der Blüthe nicht her.

Ich genoß einst, o ihr Todten, es mit euch!
Wie umwehten uns der Duft und die Kühlung,
Wie verschönt warst von dem Monde,
Du o schöne Natur!

(1771 v)

Matthias Claudius: Abendlied

Der Mond ist aufgegangen
Die goldnen Sternlein prangen
  Am Himmel hell und klar;
Der Wald steht schwarz und schweiget,
Und aus den Wiesen steiget
  Der weiße Nebel wunderbar.

Wie ist die Welt so stille,
Und in der Dämmrung Hülle
  So traulich und so hold!
Als eine stille Kammer,
Wo ihr des Tages Jammer
  Verschlafen und vergessen sollt.

Seht ihr den Mond dort stehen? –
Er ist nur halb zu sehen,
  Und ist doch rund und schön!
So sind wohl manche Sachen,
Die wir getrost belachen,
  Weil unsre Augen sie nicht sehn.

Wir stolze Menschenkinder
Sind eitel arme Sünder,
  Und wissen gar nicht viel;
Wir spinnen Luftgespinste,
Und suchen viele Künste,
  Und kommen weiter von dem Ziel.

Gott, laß uns *dein* Heil schauen,
Auf nichts Vergänglichs trauen,
  Nicht Eitelkeit uns freun!
Laß uns einfältig werden,
Und vor dir hier auf Erden
  Wie Kinder fromm und fröhlich sein!

Wollst endlich sonder Grämen
Aus dieser Welt uns nehmen
  Durch einen sanften Tod!
Und, wenn du uns genommen,

Laß uns in Himmel kommen,
Du unser Herr und unser Gott!

So legt euch denn, ihr Brüder,
In Gottes Namen nieder;
Kalt ist der Abendhauch.
Verschon uns, Gott! mit Strafen,
Und laß uns ruhig schlafen!
Und unsern kranken Nachbar auch!
(zwischen 1771 und 1775 e)

Johann Wolfgang von Goethe: Maifest

Wie herrlich leuchtet
Mir die Natur!
Wie glänzt die Sonne!
Wie lacht die Flur!

Es dringen Blüten
Aus jedem Zweig
Und tausend Stimmen
Aus dem Gesträuch

Und Freud und Wonne
Aus jeder Brust.
O Erd', o Sonne,
O Glück, o Lust,

O Lieb', o Liebe,
So golden schön
Wie Morgenwolken
Auf jenen Höhn,

Du segnest herrlich
Das frische Feld –
Im Blütendampfe
Die volle Welt!

O Mädchen, Mädchen,
Wie lieb' ich dich!
Wie blinkt dein Auge,
Wie liebst du mich!

So liebt die Lerche
Gesang und Luft,
Und Morgenblumen
Den Himmelsduft,

Wie ich die liebe
Mit warmen Blut,
Die du mir Jugend
Und Freud' und Mut

Zu neuen Liedern
Und Tänzen gibst.
Sei ewig glücklich,
Wie du mich liebst.
(1771 e, 1775 v)

Johann Wilhelm Ludwig Gleim: Selbstgespråch in einer schönen Gegend

Fůr mich bestrahlt die Sonne
Die Wålder und die Auen!
Fůr mich sind diese Schatten
So kůhl, und diese Rasen
So sanft, und diese Quellen
So rein, und jene Thåler
So lieblich anzusehen,
Fůr mich bist du, o Rose,
Die Kônigin der Blumen;
Fůr mich bist du, Gewôlbe,
Des Himmels aufgerichtet;
Fůr mich glånzt in dem Wasser
Der Mond, wie helles Silber;
Fůr mich singt die Sirene
Des Waldes, ihre Lieder;
Nicht fůr den reichen Milon[2],
Der hat nur Aug und Ohren,
Und Herz, fůr Gold und Silber
Nicht fůr den armen Laches[3],
Den fetten Weltveråchter,
Der immer in Gedanken
An Gott, und seinen Magen,
Nicht siehet und nicht hôret;
Nicht fůr den stolzen Pyrrhus[4],
Der taub fůr alle Freuden
Des bůrgerlichen Lebens,
Hin, nach dem hôchsten Gipfel
Des Glůcks, auf krummem Wege
Mit schwerer Arbeit, klettert,
Und nåchstens desto tiefer
Zu mir herunter stůrzet.

(1773 v)

---

(2)* griech. Athlet, um 510 v. Chr.
(3)* athenischer Feldherr (470–418 v. Chr.).
(4)* König von Epirus (318–272 v.Chr.).

Ludwig Heinrich Christoph Hölty: Die Mainacht

Wenn der silberne Mond durch die Gesträuche blickt,
und sein schlummerndes Licht über den Rasen geußt,
   und die Nachtigall flötet,
      wandl' ich traurig von Busch zu Busch.

Selig preis' ich dich dann, flötende Nachtigall,
weil dein Weibchen mit dir wohnet in einem Nest,
   ihrem singenden Gatten
      tausend trauliche Küsse gibt.

Überhüllet von Laub, girret ein Taubenpaar
sein Entzücken mir vor; aber ich wende mich,
   suche dunklere Schatten,
      und die einsame Träne rinnt.

Wann, o lächelndes Bild, welches wie Morgenrot
durch die Seele mir strahlt, find' ich auf Erden dich?
   Und die einsame Träne
      bebt mir heißer die Wang' herab! *(1774 e)*

Johann Wolfgang von Goethe: An den Mond

Erste Fassung

Füllest wieder 's liebe Tal
Still mit Nebelglanz,
Lösest endlich auch einmal
Meine Seele ganz.

Breitest über mein Gefild
Lindernd deinen Blick
Wie der Liebsten Auge, mild
Über mein Geschick.

Das du so beweglich kennst,
Dieses Herz im Brand,
Haltet ihr wie ein Gespenst
An den Fluß gebannt,

Wenn in öder Winternacht
Er vom Tode schwillt
Und bei Frühlingslebens Pracht
An den Knospen quillt.

Selig, wer sich vor der Welt
Ohne Haß verschließt,
Einen Mann am Busen hält
Und mit dem genießt,

Was den Menschen unbewußt
Oder wohl veracht'
Durch das Labyrinth der Brust
Wandelt in der Nacht.

(zwischen 1776 und 1778 e)

Johann Gaudenz von Salis-Seewis: Ländliches Glück

Wer aus schöner Natur weihendem Brunnquell schöpft,
Misset gerne den niedern Prunk.
Froh durchirrt er die Flur; froh, wenn auch seinen Fuß
Keine blitzende Schnall' umwölbt.

Perlen achtet er Spreu; Spinnengewebe nur
Brabant's Spitzen; er lächelt kalt
Auf den funkelnden Ring oder der Dose Schmelz
In des prunkenden Thoren Hand.

Gerne mißt er die Stadt, blickt auf vermummten Tanz,
Auf belastete Tafeln Hohn.
Nimmer reizt ihn der Hof, nimmer der Goldpallast,
Noch der marmorne Fürstensaal.

Aber Seelengefühl trinkt sein geweihter Blick;
Ihn entzücken des Buchenwalds
Säulenhallen, der Luft sternenbesäter Dom,
Und der Spiegel des klaren See's.

Silber gießt ihm des Monds ruhiges Flimmerlicht,
Gold der scheidende Sonnenstrahl;

Perlen streut ihm der Thau, färbt sich zum Edelstein
Auf dem wankenden Tulpenkelch.

Kräuselnd bläht sich das Moos, polstert den Felsensitz,
Schwellt zum Sopha den Rasenbank;
Der gefällige Lenz sticket ihm Teppiche
Mit Violen und Güldenklee.

Frische haucht ihm die Kluft, athmet das Birkenlaub,
Das vom duftigen Frühthau träuft;
Schatten bräunen sich ihm, und der ummooste Bach
Rauscht ihm Kühlung und Schlummerton.

Baldachine von Laub' wölbt ihm der Eiche Schirm
Um den ländlichen Traualtar.
Und der Nachtigall Lied tönt um sein Brautgemach,
Statt des feyernden Abendchors!

(1785 e)

Christian Friedrich Daniel Schubart: Die Linde

Warst so schön, breitwipfligter Baum,
Als dir schwollen die Knospen,
Als du Blüthendüfte verhauchtest;
Warst' so schön!

Dich umsumt' im Lenzabend der Käfer,
Geflügelte Ameisen schwärmten
Wie Mittagswölkchen, die die Sonne
Versilbert, um deinen Blüthenzweig.

Die Blüthe fiel; da warst du grün
Und stärktest mein Auge,
Das ans falsche Dunkel meines Kerkers
Gewöhnt, blinzt' im Sonnenstrahl.

Und nun bist du halbnackt;
Der Herbststurm blies in deinen Scheitel,
Und deinen Schmuck; die goldnen Blätter,
Wälzt nun woogend der Odem des Sturms.

Die schwarzen Aeste starren traurend
Ihrer Decke beraubt, in die Luft.
Dich flieht der Sperling, denn du bist
Ihm nicht mehr Hůlle gegen den Sperber. –

Einst knospete ich, o Linde!
Schőner, als du. Trug Blůthen
Des Knaben, des Jůnglings, die sůsser
Dűfteten, als du im Frůhlingsschmuck.

Meine geringelte Seidenlocken
Waren schőner, als dein grůnes Haar.
Schőner, als deines Finken und Distelvogels
Scholl mein Gesang und Flůgelspiel.

Ich war ein Mann, breitwipfligt
Und lieblich im Sonnenstral spielend.
Meines Geistes Fittig deckte die Meinen, –
Wie dein schattender Wipfel den Pilger.

Aber ach! mein Herbst ist gekommen;
So frůh ist schon mein Herbst gekommen! –
Das Schicksal blies mit kaltem stůrmendem Odem;
Und meine Blåtter fielen.

Heisser ist mein Gesang;
Die geflůgelte Rechte lahmt
Auf den braunen Tasten
Des goldnen Saitenspiels.

Meine Fantasie, der Riese,
Zuckt ausgestreckt, wie ein Geripp'
Im Staube. Mein Wiz, die Rose,
Ligt entblåttert, zerknickt.

Fern' ist meine Liebe;
Meine Kinder sind ferne; –
Der schwarze, starre, enthaarte Ast
Vermag nicht mehr zu schatten die Lieben!

(1786 v)

Novalis (Friedrich von Hardenberg): Der Abend

Glühend verbirgt sich nun die müde Sonne
Nach der mächtigen Laufbahn in die Meere
Suchet Ruhe, Dämmerung senkt sich nieder
Auf die Gefilde

Dämmerung mit dem feinsten grauen Fittich
Keine Röthe des Abends weilt am Himmel
Welcher unbewölket in dunkles Azur
Prächtig sich kleidet

Und die Gestirne blinken nieder fernher
Lächelnd sieht mich der Abendstern so funkelnd
Lächelt aus den seligen Wonnegefilden
Ruhe ins Herz mir

Lispelnder wehn die Zephyrs in den Büschen
Die die Nachtigall klagend noch belebt
Und aus jenem Waizengefilde hör ich
Schlagen die Wachtel.

Ländliche Glocken rufen helles Tones
Aus dem Felde die müden Schnitter wieder
Alles suchet Ruhe und heitrer sah ich
Nie noch den Abend.

Wär doch auch einst der Abend meines Lebens
Das so lachend mir anfieng zwischen Rosen
Heiter, froh und ruhiger noch als dieser
Abend der Landschaft.

Möchte zu ewgen Frieden, meine Seele
Auch so lieblich hinüberschlummern, wie jezt
In der Hütte müde der Landmann zu dem
Morgenden Tage.

(1789 e)

Johann Wolfgang von Goethe: An den Mond

Spätere Fassung

Füllest wieder Busch und Tal
Still mit Nebelglanz,
Lösest endlich auch einmal
Meine Seele ganz;

Breitest über mein Gefild
Lindernd deinen Blick,
Wie des Freundes Auge mild
Über mein Geschick.

Jeden Nachklang fühlt mein Herz
Froh- und trüber Zeit,
Wandle zwischen Freud' und Schmerz
In der Einsamkeit.

Fließe, fließe, lieber Fluß!
Nimmer werd' ich froh,
So verrauschte Scherz und Kuß,
Und die Treue so.

Ich besaß es doch einmal,
Was so köstlich ist!
Daß man doch zu seiner Qual
Nimmer es vergißt!

Rausche, Fluß, das Tal entlang,
Ohne Rast und Ruh,
Rausche, flüstre meinem Sang
Melodien zu,

Wenn du in der Winternacht
Wütend überschwillst,
Oder um die Frühlingspracht
Junger Knospen quillst.

Selig, wer sich vor der Welt
Ohne Haß verschließt,
Einen Freund am Busen hält
Und mit dem genießt,

Was, von Menschen nicht gewußt
Oder nicht bedacht,
Durch das Labyrinth der Brust
Wandelt in der Nacht.

(1789 v)

Friedrich Hölderlin: An die Natur

Da ich noch um deinen Schleier spielte,
Noch an dir, wie eine Blüthe hieng,
Noch dein Herz in jedem Laute fühlte,
Der mein zärtlichbebend Herz umfieng,
Da ich noch mit Glauben und mit Sehnen
Reich, wie du, vor deinem Bilde stand,
Eine Stelle noch für meine Thränen,
Eine Welt für meine Liebe fand,

Da zur Sonne noch mein Herz sich wandte,
Als vernähme seine Töne sie,
Und die Sterne seine Brüder nannte
Und den Frühling Gottes Melodie,
Da im Hauche, der den Hain bewegte,
Noch dein Geist, dein Geist der Freude sich
In des Herzens stiller Welle regte,
Da umfiengen goldne Tage mich.

Wenn im Thale, wo der Quell mich kühlte,
Wo der jugendlichen Sträuche Grün
Um die stillen Felsenwände spielte
Und der Aether durch die Zweige schien,
Wenn ich da, von Blüthen übergossen,
Still und trunken ihren Othem trank
Und zu mir, von Licht und Glanz umflossen,
Aus den Höh'n die goldne Wolke sank –

Wenn ich fern auf nakter Haide wallte,
Wo aus dämmernder Geklüfte Schoos
Der Titanensang der Ströme schallte
Und die Nacht der Wolken mich umschloß,

Wenn der Sturm mit seinen Wetterwoogen
Mir vorüber durch die Berge fuhr
Und des Himmels Flammen mich umflogen,
Da erschienst du, Seele der Natur!

Oft verlor ich da mit trunknen Thränen
Liebend, wie nach langer Irre sich
In den Ocean die Ströme sehnen,
Schöne Welt! in deiner Fülle mich;
Ach! da stürzt' ich mit den Wesen allen
Freudig aus der Einsamkeit der Zeit,
Wie ein Pilger in des Vaters Hallen,
In die Arme der Unendlichkeit. –

Seid geseegnet, goldne Kinderträume,
Ihr verbargt des Lebens Armuth mir,
Ihr erzogt des Herzens gute Keime,
Was ich nie erringe, schenktet ihr!
O Natur! an deiner Schönheit Lichte,
Ohne Müh' und Zwang entfalteten
Sich der Liebe königliche Früchte,
Wie die Erndten in Arkadien.

Todt ist nun, die mich erzog und stillte,
Todt ist nun die jugendliche Welt,
Diese Brust, die einst ein Himmel füllte,
Todt und dürftig, wie ein Stoppelfeld;
Ach! es singt der Frühling meinen Sorgen
Noch, wie einst, ein freundlich tröstend Lied,
Aber hin ist meines Lebens Morgen,
Meines Herzens Frühling ist verblüht.

Ewig muß die liebste Liebe darben,
Was wir lieben, ist ein Schatten nur,
Da der Jugend goldne Träume starben,
Starb für mich die freundliche Natur;
Das erfuhrst du nicht in frohen Tagen,
Daß so ferne dir die Heimath liegt,
Armes Herz, du wirst sie nie erfragen,
Wenn dir nicht ein Traum von ihr genügt.

(1795 e)

Friedrich Hölderlin: Mein Eigentum [Am Herbsttag]

In seiner Fülle ruhet der Herbsttag nun,
Geläutert ist die Traub und der Hain ist roth
Vom Obst, wenn schon der holden Blüthen
Manche der Erde zum Danke fielen.

Und rings im Felde, wo ich den Pfad hinaus
Den stillen wandle, ist den Zufriedenen
Ihr Gut gereift, und viel der frohen
Mühe gewähret der Reichtum ihnen.

Vom Himmel bliket zu den Geschäfftigen
Durch ihre Bäume milde das Licht herab,
Die Freude theilend, denn es wuchs durch
Hände der Menschen allein die Frucht nicht.

Und leuchtest du, o Goldnes, auch mir, und wehst
Auch du mir wieder Lüftchen, als seegnetest
Du eine Freude mir, wie einst, und
Irrst, wie um Glükliche, mir am Busen.

Einst war ichs, doch wie Rosen, vergänglich war
Das fromme Leben, ach und es mahnen noch
Die blühend mir geblieben sind, die
Holden Gestirne zu oft mich dessen.

Beglükt, wer, ruhig liebend ein frommes Weib,
Am eignen Heerd in rühmlicher Heimath lebt,
Es leuchtet über vestem Boden
Schöner dem sicheren Mann sein Himmel.

Denn, wie die Pflanze, wurzelt auf eignem Grund
Sie nicht, verglüht die Seele des Sterblichen
Der mit dem Tageslichte nur, ein
Armer auf heiliger Erde wandelt.

Zu mächtig ach! ihr himmlischen Höhen zieht
Ihr mich empor; bei Stürmen, am heitern Tag
Fühl ich verzehrend euch im Busen
Wechseln, ihr wandelnden Götterkräfte.

Doch heute laß mich stille den trauten Pfad
Zum Haine gehn dem golden die Wipfel schmükt
Sein sterbend Laub, und kränzt auch mir die
Stirne ihr holden Erinnerungen!

Und daß auch mir zu retten mein sterblich Herz
Wie andern eine bleibende Stätte sei
Und heimathlos die Seele mir nicht
Über das Leben hinweg sich sehne

Sei du, Gesang, mein freundlich Asyl! sei du
Beglükender! mit sorgender Liebe mir
Gepflegt, der Garten, wo ich, wandelnd
Unter den Blüthen, den immerjungen

In sichrer Einfalt wohne, wenn draußen mir
Mit ihren Wellen alle die mächtge Zeit
Die Wandelbare fern rauscht und die
Stillere Sonne mein Wirken fördert.

Ihr seegnet gütig über den Sterblichen
Ihr Himmelskräfte! jedem sein Eigentum,
O seegnet meines auch und daß zu
Frühe die Parze den Traum nicht ende.

(1799 e)

Gedichte des 19. Jahrhunderts

Clemens Brentano: Sonett

Soll sich vor Dir des Baumes Stolz enthüllen,
Der nur allein sich selbsten aufwärts strebet,
Des Busches Geist, der heil'ge Schatten webet,
Und was der Blume zarte Kelche hüllen.

So mußt Du alle laute Neugier stillen
Der zarte Geist, der in dem Busen lebet,
Gar schnelle wie ein leiser Hauch entschwebet,
Und nimmer kehret er den stolzen Willen.

Im tiefen Grund nur wohnet das Ergründen,
Das Äußre laß vor Deinen Augen schwinden
Und steige kühn dann in die heil'ge Erde.

Ein freudig Staunen wird sich um Dich winden
Wie die verschiedne äußere Geberde
Aus innerem und heil'gem Geiste werde. *(1800 e)*

Joseph von Eichendorff: Abschied

O Täler weit, o Höhen,
o schöner, grüner Wald,
du meiner Lust und Wehen
andächtger Aufenthalt!

Da draußen, stets betrogen,
saust die geschäftge Welt,
schlag noch einmal die Bogen
um mich, du grünes Zelt!

Wenn es beginnt zu tagen,
die Erde dampft und blinkt,
die Vögel lustig schlagen,
daß dir dein Herz erklingt:

Da mag vergehn, verwehen
das trübe Erdenleid
da sollst du auferstehen
in junger Herrlichkeit!

Da steht im Wald geschrieben
ein stilles, ernstes Wort
von rechtem Tun und Lieben,
und was des Menschen Hort.

Ich habe treu gelesen
die Worte, schlicht und wahr,
und durch mein ganzes Wesen
wards unaussprechlich klar.

Bald werd' ich dich verlassen,
fremd in die Fremde gehn,
auf buntbewegten Gassen
des Lebens Schauspiel sehn;

und mitten in dem Leben
wird deines Ernsts Gewalt
mich Einsamen erheben,
so wird mein Herz nicht alt.

(1810 e)

Ludwig Uhland: Lob des Frühlings

Saatengrün, Veilchenduft,
Lerchenwirbel, Amselschlag
Sonnenregen, linde Luft!

Wenn ich solche Worte singe,
Braucht es dann noch großer Dinge,
Dich zu preisen, Frühlingstag?

(1811 e)

Ludwig Uhland: Frühlingsglaube

Die linden Lüfte sind erwacht,
Sie säuseln und weben Tag und Nacht,
Sie schaffen an allen Enden.
O frischer Duft, o neuer Klang!
Nun, armes Herze, sei nicht bang!
Nun muß sich alles, alles wenden.

Die Welt wird schöner mit jedem Tag,
Man weiß nicht, was noch werden mag,
Das Blühen will nicht enden.
Es blüht das fernste, tiefste Tal:
Nun, armes Herz, vergiß der Qual!
Nun muß sich alles, alles wenden.

(1812 e)

Joseph von Eichendorff: Mittagsruh

Über Bergen, Fluß und Talen,
stiller Lust und tiefen Qualen
webet heimlich, schillert, Strahlen!
Sinnend ruht des Tags Gewühle
in der dunkelblauen Schwüle,
und die ewigen Gefühle,
was dir selber unbewußt,
treten heimlich, groß und leise
aus der Wirrung fester Gleise,
aus der unbewachten Brust,
in die stillen, weiten Kreise.

(um 1812/14 e)

Wilhelm Müller: Der Lindenbaum

Am Brunnen vor dem Thore
Da steht ein Lindenbaum:
Ich träumt' in seinem Schatten
So manchen süßen Traum:

Ich schnitt in seine Rinde
So manches liebe Wort;
Es zog in Freud' und Leide
Zu ihm mich immer fort.

Ich mußt' auch heute wandern
Vorbei in tiefer Nacht,
Da hab' ich noch im Dunkel
Die Augen zugemacht:

Und seine Zweige rauschten,
Als riefen sie mir zu:
Komm her zu mir, Geselle,
Hier findst du deine Ruh'!

Die kalten Winde bliesen
Mir grad' in's Angesicht,
Der Hut flog mir vom Kopfe,
Ich wendete mich nicht.

Nun bin ich manche Stunde
Entfernt von jenem Ort,
Und immer hör' ich's rauschen:
Du fändest Ruhe dort!

(1822 v)

August von Platen: An eine Geisblattranke

Zwischen Fichtenbäumen in der Öde
Find ich, teure Blüte, dich so spat?
Rauhe Lüfte hauchen schnöde,
Da sich eilig schon der Winter naht.

Dicht auf Bergen lagen Nebelstreifen,
Hinter denen längst die Sonne schlief,
Als noch übers Feld zu schweifen
Mich ein inniges Verlangen rief.

Da verriet dich dein Geruch dem Wandrer,
Deine Weiße, die dich blendend schmückt:
Wohl mir, daß vor mir kein Andrer
Dich gesehn und dich mir weggepflückt!

Wolltest du mit deinem Dufte warten,
Bis ich käm an diesen stillen Ort?
Blühtest ohne Beet und Garten
Hier im Wald bis in den Winter fort?

Wert ist wohl die spät gefundne Blume,
Daß ein Jüngling in sein Lied sie mischt,
Sie vergleichend einem Ruhme,
Der noch wächst, da schon so viel erlischt.

(1822 e)

Nikolaus Lenau: Am Grabe Höltys

Hölty! dein Freund, der Frühling, ist gekommen.
Klagend irrt er im Haine, dich zu finden;
Doch umsonst! sein klagender Ruf verhallt in
Einsamen Schatten!

Nimmer entgegen tönen ihm die Lieder
Deiner zärtlichen schönen Seele, nimmer
Freust des ersten Veilchens du dich, des ersten
Taubengegirres!

Ach, an den Hügel sinkt er deines Grabes
Und umarmet ihn sehnsuchtsvoll: »Mein Sänger
Tot!« So klagt sein flüsternder Hauch dahin durch
  Säuselnde Blumen. *(1824 e)*

Johann Wolfgang von Goethe: Dem aufgehenden Vollmonde

Dornburg, 25. August 1828

Willst du mich sogleich verlassen?
Warst im Augenblick so nah!
Dich umfinstern Wolkenmassen,
Und nun bist du gar nicht da.

Doch du fühlst, wie ich betrübt bin,
Blickt dein Rand herauf als Stern!
Zeugest mir, daß ich geliebt bin,
Sei das Liebchen noch so fern.

So hinan denn! hell und heller,
Reiner Bahn, in voller Pracht!
Schlägt mein Herz auch schmerzlich schneller,
Überselig ist die Nacht.

Dornburg, September 1828

Früh, wenn Tal, Gebirg und Garten
Nebelschleiern sich enthüllen,
Und dem sehnlichsten Erwarten
Blumenkelche bunt sich füllen,

Wenn der Äther, Wolken tragend,
Mit dem klaren Tage streitet,
Und ein Ostwind, sie verjagend,
Blaue Sonnenbahn bereitet,

Dankst du dann, am Blick dich weidend,
Reiner Brust der Großen, Holden,
Wird die Sonne, rötlich scheidend,
Rings den Horizont vergolden. *(1828 e)*

Eduard Mörike: Am Walde

Am Waldsaum kann ich lange Nachmittage,
Dem Kukuk horchend, in dem Grase liegen;
Er scheint das Tal gemächlich einzuwiegen
Im friedevollen Gleichklang seiner Klage.

Da ist mir wohl, und meine schlimmste Plage,
Den Fratzen der Gesellschaft mich zu fügen,
Hier wird sie mich doch endlich nicht bekriegen,
Wo ich auf eigne Weise mich behage.

Und wenn die feinen Leute nur erst dächten,
Wie schön Poeten ihre Zeit verschwenden,
Sie würden mich zuletzt noch gar beneiden.

Denn des Sonetts gedrängte Kränze flechten
Sich wie von selber unter meinen Händen,
Indes die Augen in der Ferne weiden.

(1830 e)

Justinus Kerner: Frühlingskur

Du junges Grůn, du frisches Gras!
Wie manches Herz durch dich genas,
Das von des Winters Schnee erkrankt,
O wie mein Herz nach dir verlangt!

Schon brichst du aus der Erde Nacht,
Wie dir mein Aug' entgegen lacht!
Hier in des Waldes stillem Grund
Drůck' ich dich, Grůn, an Herz und Mund.

Wie treibt's mich von den Menschen fort!
Mein Leid das hebt kein Menschenwort;
Nur junges Grůn, an's Herz gelegt,
Macht, daß mein Herze stiller schlågt.

(1834 v)

Eduard Mörike: Die schöne Buche

Ganz verborgen im Wald kenn ich ein Plätzchen, da stehet
Eine Buche, man sieht schöner im Bilde sie nicht.
Rein und glatt, in gediegenem Wuchs erhebt sie sich einzeln,
Keiner der Nachbarn rührt ihr an den seidenen Schmuck.
Rings, soweit sein Gezweig der stattliche Baum ausbreitet,
Grünet der Rasen, das Aug still zu erquicken, umher;
Gleich nach allen Seiten umzirkt er den Stamm in der Mitte;
Kunstlos schuf die Natur selber dies liebliche Rund.
Zartes Gebüsch umkränzet es erst; hochstämmige Bäume,
Folgend in dichtem Gedräng, wehren dem himmlischen Blau.
Neben der dunkleren Fülle des Eichbaums wieget die Birke
Ihr jungfräuliches Haupt schüchtern im goldenen Licht.
Nur wo, verdeckt vom Felsen, der Fußsteig jäh sich hinabschlingt,
Lässet die Hellung mich ahnen das offene Feld.
– Als ich unlängst einsam, von neuen Gestalten des Sommers
Ab dem Pfade gelockt, dort im Gebüsch mich verlor,
Führt' ein freundlicher Geist, des Hains auflauschende Gottheit,
Hier mich zum erstenmal, plötzlich, den Staunenden, ein.
Welch Entzücken! Es war um die hohe Stunde des Mittags,
Lautlos alles, es schwieg selber der Vogel im Laub.
Und ich zauderte noch, auf den zierlichen Teppich zu treten;
Festlich empfing er den Fuß, leise beschritt ich ihn nur.
Jetzo gelehnt an den Stamm (er trägt sein breites Gewölbe
Nicht zu hoch), ließ ich rundum die Augen ergehn,
Wo den beschatteten Kreis die feurig strahlende Sonne,
Fast gleich messend umher, säumte mit blendendem Rand.
Aber ich stand und rührte mich nicht; dämonischer Stille,

Unergründlicher Ruh lauschte mein innerer Sinn.
Eingeschlossen mit dir in diesem sonnigen Zauber-
Gürtel, o Einsamkeit, fühlt ich und dachte nur dich!

(1842 e)

Annette von Droste-Hülshoff: Dichters Naturgefühl

Es war an einem jener Tage,
Wo Lenz und Winter sind im Streit,
Wo naß das Veilchen klebt am Hage,
Kurz, um die erste Maienzeit;
Ich suchte keuchend mir den Weg
Durch sumpf'ge Wiesen, dürre Raine,
Wo matt die Kröte hockt' am Steine,
Die Eidechs schlüpfte übern Steg.

Durch hundert kleine Wassertruhen,
Die wie verkühlter Spülicht stehn,
Zu stelzen mit den Gummischuhen,
Bei Gott, heißt das Spazierengehn?
Natur, wer auf dem Haberrohr
In Jamben, Stanzen, süßen Phrasen
So manches Loblied dir geblasen,
Dem stell dich auch manierlich vor!

Da ließ zurück den Schleier wehen
Die eitle vielbesungne Frau,
Als fürchte sie des Dichters Schmähen;
Im Sonnenlichte stand die Au,
Und bei dem ersten linden Strahl
Stieg eine Lerche aus den Schollen
Und ließ ihr Tirilirum rollen
Recht wacker durch den Äthersaal.

Die Quellen, glitzernd wie kristallen, –
Die Zweige, glänzend emalliert –
Das kann dem Kenner schon gefallen,

Ich nickte lächelnd: »Es passiert!«
Und stapfte fort in eine Schluft,
Es war ein still und sonnig Fleckchen,
Wo tausend Anemonenglöckchen
Umgaukelten des Veilchens Duft.

Das üpp'ge Moos – der Lerchen Lieder –
Der Blumen Flor – des Krautes Keim –
Auf meinen Mantel saß ich nieder
Und sann auf einen Frühlingsreim.
Da – alle Musen, welch ein Ton! –
Da kam den Rain entlang gesungen
So eine Art von dummem Jungen,
Der Friedrich, meines Schreibers Sohn.

Den Efeukranz im flächsnen Haare,
In seiner Hand den Veilchenstrauß,
So trug er seine achtzehn Jahre
Romantisch in den Lenz hinaus.
Nun schlüpft' er durch des Hagens Loch,
Nun hing er an den Dornenzwecken
Wie Abrams Widder in den Hecken,
Und in den Dornen pfiff er noch.

Bald hatt' er beugend, gleitend, springend
Den Blumenanger abgegrast
Und rief nun, seine Mähnen schwingend:
»Viktoria, Trompeten, blast!«
Dann flüstert' er mit süßem Hall:
»O, wären es die schwed'schen Hörner!«
Und dann begann ein Lied von Körner;
Fürwahr, du bist 'ne Nachtigall!

Ich sah ihn, wie er an dem Walle
Im feuchten Moose niedersaß
Und nun die Veilchen, Glöckchen alle
Mit sel'gem Blick zu Sträußen las,
Auf seiner Stirn den Sonnenstrahl;
Mich faßt' ein heimlich Unbehagen,
Warum? ich weiß es nicht zu sagen,
Der fade Bursch war mir fatal.

Noch war ich von dem blinden Hessen
Auf meinem Mantel nicht gesehn,
Und so begann ich zu ermessen,
Wie übel ihm von Gott geschehn;
O Himmel, welch ein traurig Los,
Das Schicksal eines dummen Jungen,
Der zum Kopisten sich geschwungen
Und auf den Schreiber steuert los!

Der in den kargen Feierstunden
Romane von der Zofe borgt,
Beklagt des Löwenritters Wunden
Und seufzend um den Posa sorgt,
Der seine Zelle, kalt und klein
Schmückt mit Aladdins Zaubergabe
Und an dem Quell, wie Schillers Knabe,
Violen schlingt in Kränzelein!

In dessen wirbelndem Gehirne
Das Leben spukt gleich einer Fei,
Der – hastig fuhr ich an die Stirne:
»Wie, eine Mücke schon im Mai?«
Und trabte zu der Schlucht hinaus,
Hohl hustend, mit beklemmter Lunge,
Und drinnen blieb der dumme Junge
Und pfiff zu seinem Veilchenstrauß!

(1842/43 e)

Heinrich Heine:

Das Fräulein stand am Meere
Und seufzte lang und bang,
Es rührte sie so sehre
Der Sonnenuntergang.

»Mein Fräulein! sein Sie munter,
Das ist ein altes Stück;
Hier vorne geht sie unter
Und kehrt von hinten zurück.« *(1844 v)*

Friedrich Hebbel: Sommerbild

Ich sah des Sommers letzte Rose stehn,
Sie war, als ob sie bluten könne, rot;
Da sprach ich schauernd im Vorübergehn:
So weit im Leben, ist zu nah am Tod!

Es regte sich kein Hauch am heißen Tag,
Nur leise strich ein weißer Schmetterling;
Doch, ob auch kaum die Luft sein Flügelschlag
Bewegte, sie empfand es und verging.

(1844 e)

Theodor Storm: Herbst

Schon ins Land der Pyramiden
flohn die Störche übers Meer;
Schwalbenflug ist längst geschieden,
auch die Lerche singt nicht mehr.

Seufzend in geheimer Klage
streift der Wind das letzte Grün;
und die süßen Sommertage,
ach, sie sind dahin, dahin!

Nebel hat den Wald verschlungen,
der dein stillstes Glück gesehn;
ganz in Duft und Dämmerungen
will die schöne Welt vergehn.

Nur noch einmal bricht die Sonne
unaufhaltsam durch den Duft,
und ein Strahl der alten Wonne
rieselt über Tal und Kluft.

Und es leuchten Wald und Heide,
daß man sicher glauben mag,
hinter allem Winterleide
lieg' ein ferner Frühlingstag.

Die Sense rauscht, die Ähre fällt,
die Tiere räumen scheu das Feld,
der Mensch begehrt die ganze Welt.

Und sind die Blumen abgeblüht,
so brecht der Äpfel goldne Bälle;
hin ist die Zeit der Schwärmerei,
so schätzt nun endlich das Reelle! *(1848 v)*

Friedrich Hebbel: Die alten Naturdichter und die neuen

(Brockes und Geßner, Stifter, Kompert usw.)

Wißt ihr, warum euch die Käfer, die Butterblumen so glücken?
  Weil ihr die Menschen nicht kennt, weil ihr die Sterne nicht seht!
Schautet ihr tief in die Herzen, wie könntet ihr schwärmen für Käfer?
  Säht ihr das Sonnensystem, sagt doch, was wär euch ein Strauß?
Aber das mußte so sein; damit ihr das Kleine vortrefflich
  Liefertet, hat die Natur klug euch das Große entrückt.

(1849 v)

Joseph von Eichendorff: Nachtzauber

Hörst du nicht die Quellen gehen
zwischen Stein und Blumen weit
nach den stillen Waldesseen,
wo die Marmorbilder stehen
in der schönen Einsamkeit?
Von den Bergen sacht hernieder,
weckend die uralten Lieder,
steigt die wunderbare Nacht,
und die Gründe glänzen wieder,
wie dus oft im Traum gedacht.

Kennst die Blume du, entsprossen
in dem mondbeglänzten Grund?
Aus der Knospe, halb erschlossen,
junge Glieder blühend sprossen,
weiße Arme, roter Mund,
und die Nachtigallen schlagen,
und rings hebt es an zu klagen,
ach, vor Liebe todeswund,
von versunknen schönen Tagen –
komm, o komm zum stillen Grund!
(wahrscheinlich 1852 e)

Friedrich Hebbel: Natur und Mensch

Oft schon kam es mir vor, Natur, als hättst du zu zeitig
In dein Werk dich verliebt und die Vollendung versäumt.
Weil der Mensch dir gefiel, so bliebst du stehen beim Menschen,
Und erwecktest in ihm nicht noch den schlummernden Gott.
Aber nun träumt er von dem, und weil er erwachend sich wieder
Findet, wie eben vorher, fällt er zurück in das Tier.
(1857 v)

Hermann Allmers: Feldeinsamkeit

Ich ruhe still im hohen, grünen Gras
Und sende lange meinen Blick nach oben,
Von Grillen rings umschwirrt ohn' Unterlaß,
Von Himmelsbläue wundersam umwoben.

Und schöne, weiße Wolken ziehn dahin
Durch's tiefe Blau, wie schöne stille Träume; –
Mir ist, als ob ich längst gestorben bin,
Und ziehe selig mit durch ew'ge Räume.
(1892 v)

Hugo von Hofmannsthal: Der Jüngling in der Landschaft

Die Gärtner legten ihre Beete frei,
Und viele Bettler waren überall
Mit schwarzverbundnen Augen, und mit Krücken,
Doch auch mit Harfen und den neuen Blumen,
Dem starken Duft der schwachen Frühlingsblumen.

Die nackten Bäume ließen Alles frei:
Man sah den Fluß hinab und sah den Markt
Und viele Kinder spielen längs den Teichen.
Durch diese Landschaft ging er langsam hin
Und fühlte ihre Macht und wußte, daß
Auf ihn die Weltgeschicke sich bezogen.

Auf jene fremden Kinder ging er zu
Und war bereit, an unbekannter Schwelle
Ein neues Leben dienend hinzubringen.
Ihm fiel nicht ein, den Reichtum seiner Seele,
Die frühern Wege und Erinnerung
Verschlung'ner Finger und getauschter Seelen
Für mehr als nichtigen Besitz zu achten.
Der Duft der Blumen redete ihm nur
Von fremder Schönheit und die neue Luft
Nahm er still athmend ein, doch ohne Sehnsucht
Nur, daß er dienen durfte, freute ihn.

(1896 e)

Gedichte der ersten Hälfte des 20. Jahrhunderts

Rainer Maria Rilke: Herbsttag

Herr: es ist Zeit. Der Sommer war sehr groß.
Leg deinen Schatten auf die Sonnenuhren,
und auf den Fluren laß die Winde los.

Befiehl den letzten Früchten, voll zu sein;
gib ihnen noch zwei südlichere Tage,
dränge sie zur Vollendung hin, und jage
die letzte Süße in den schweren Wein.

Wer jetzt kein Haus hat, baut sich keines mehr.
Wer jetzt allein ist, wird es lange bleiben,
wird wachen, lesen, lange Briefe schreiben
und wird in den Alleen hin und her
unruhig wandern, wenn die Blätter treiben. *(1902 e)*

Stefan George: Im Park

Rubinen perlen schmücken die fontänen ·
Zu boden streut sie fürstlich jeder strahl ·
In eines teppichs seidengrünen strähnen

Verbirgt sich ihre unbegrenzte zahl.
Der dichter dem die vögel angstlos nahen
Träumt einsam in dem weiten schattensaal . .

Die jenen wonnetag erwachen sahen
Empfinden heiss von weichem klang berauscht ·
Es schmachtet leib und leib sich zu umfahen.

Der dichter auch der töne lockung lauscht.
Doch heut darf ihre weise nicht ihn rühren
Weil er mit seinen geistern rede tauscht:

Er hat den griffel der sich sträubt zu führen. *(1905 v)*

Hugo von Hofmannsthal: Des alten Mannes Sehnsucht nach dem Sommer

Wenn endlich Juli würde anstatt März,

Nichts hielte mich, ich nähme einen Rand,
Zu Pferd, zu Wagen oder mit der Bahn
Käm ich hinaus ins schöne Hügelland.

Da stünden Gruppen großer Bäume nah,
Platanen, Rüster, Ahorn oder Eiche:
Wie lang ists, daß ich keine solchen sah!

Da stiege ich vom Pferde oder riefe
Dem Kutscher: Halt! und ginge ohne Ziel
Nach vorwärts in des Sommerlandes Tiefe.

Und unter solchen Bäumen ruht ich aus;
In deren Wipfel wäre Tag und Nacht
Zugleich, und nicht so wie in diesem Haus,

Wo Tage manchmal öd sind wie die Nacht
Und Nächte fahl und lauernd wie der Tag,
Dort wäre alles Leben, Glanz und Pracht.

Und aus den Schatten in des Abendlichts
Beglückung tret ich, und ein Hauch weht hin,
Doch nirgend flüsterts: »Alles dies ist nichts.«

Das Tal wird dunkel, und wo Häuser sind
Sind Lichter, und das Dunkel weht mich an,
Doch nicht vom Sterben spricht der nächtige Wind.

Ich gehe übern Friedhof hin und sehe
Nur Blumen sich im letzten Scheine wiegen,
Von gar nichts anderm fühl ich eine Nähe.

Und zwischen Haselsträuchern, die schon düstern,
Fließt Wasser hin, und wie ein Kind, so lausch ich
Und höre kein: »Dies ist vergeblich« flüstern.

Da ziehe ich mich hurtig aus und springe
Hinein, und wie ich dann den Kopf erhebe,
Ist Mond, indes ich mit dem Bächlein ringe.

Halb heb ich mich aus der eiskalten Welle,
Und einen glatten Kieselstein ins Land
Weit schleudernd steh ich in der Mondeshelle.

Und auf das mondbeglänzte Sommerland
Fällt weit ein Schatten: dieser der so traurig
Hier nickt, hier hinterm Kissen an der Wand?

So trüb und traurig, der halb aufrecht kauert
Vor Tag und böse in das Frühlicht starrt
Und weiß, daß auf uns beide etwas lauert?

Er, den der böse Wind in diesem März
So quält, daß er die Nächte nie sich legt
Gekrampft die schwarzen Hände auf sein Herz?

Ach, wo ist Juli und das Sommerland!

(1905? e)

Rainer Maria Rilke: Ein Frühlingswind

Mit diesem Wind kommt Schicksal; laß, o laß
es kommen, all das Drängende und Blinde,
von dem wir glühen werden –: alles das.
(Sei still und rühr dich nicht, daß es uns finde.)
O unser Schicksal kommt mit diesem Winde.

Von irgendwo bringt dieser neue Wind,
schwankend vom Tragen namenloser Dinge,
über das Meer her *was wir sind.*

... Wären wir's doch. So wären wir zuhaus.
(Die Himmel stiegen in uns auf und nieder.)
Aber mit diesem Wind geht immer wieder
das Schicksal riesig über uns hinaus.

(1907 e)

Georg Heym: Trostloser Herbst. Verlorne weite Öde …

Trostloser Herbst. Verlorne weite Öde
Der kahlen, braunen Felder, die der Wald
Schwarz grenzt, wo an den niedern Himmeln kalt
Die tiefen Wolken jagen Winde schnöde.

Es dunkelt schon, das rote Heidekraut
Verschwimmt im Grau des Bodens, den ein Volk
Von Krähn verläßt, das zu dem schwarzen Kolk
Und krummen Weiden fliegt mit scharfem Laut.

Noch zeigt den Huf des Stiers das Ackerland,
Der durch die Schollen zog den harten Pflug,
Wo flattert vor der grauen Wolken Zug
Einsamer Birken grünes Trauerband.

(1910 e)

Georg Heym: Der Wald

Aus grüner Waldnacht ruft Gegurr der Tauben
Bald nah bald fern. Der Sonne Lichter irren
Ins Blätterdunkel. Kleine Vögel schwirren
Durch das Geranke und die Hopfentrauben.

Die großen Spinnen wohnen in dem Farne.
Voll blauen Scheines glänzt ihr Netz wie Tau.
Sie gleiten schnell auf ihrem schwanken Bau,
Und weben enger ihre weißen Garne.

Ein hohler Baum, vom Donner einst gespaltet
Vergeßner Zeit. Doch grünt noch sein Geäst.
Im Laube wohnt ein Schwan, der auf das Nest
Den schwarzen Mantel seiner Schwingen faltet.

Der alte Waldgott schläft im hohlen Baum.
Die Flöte graut von Moos, die ihm entsank.
In seiner Hand verflog der dünne Trank
Der kleinen Rehe in dem langen Traum. *(1910 e)*

Georg Trakl: Abendlied

Am Abend, wenn wir auf dunklen Pfaden gehn,
Erscheinen unsere bleichen Gestalten vor uns.

Wenn uns dürstet,
Trinken wir die weißen Wasser des Teichs,
Die Süße unserer traurigen Kindheit.

Erstorbene ruhen wir unterm Holundergebüsch,
Schaun den grauen Möven zu.

Frühlingsgewölke steigen über die finstere Stadt,
Die der Mönche edlere Zeiten schweigt.

Da ich deine schmalen Hände nahm
Schlugst du leise die runden Augen auf,
Dieses ist lange her.

Doch wenn dunkler Wohllaut die Seele heimsucht,
Erscheinst du Weiße in des Freundes herbstlicher
Landschaft.
(1912/13 e)

Georg Trakl: Im Herbst

Die Sonnenblumen leuchten am Zaun,
Still sitzen Kranke im Sonnenschein.
Im Acker mühn sich singend die Frau'n,
Die Klosterglocken läuten darein.

Die Vögel sagen dir ferne Mär',
Die Klosterglocken läuten darein.
Vom Hof tönt sanft die Geige her.
Heut keltern sie den braunen Wein.

Da zeigt der Mensch sich froh und lind.
Heut keltern sie den braunen Wein.
Weit offen die Totenkammern sind
Und schön bemalt vom Sonnenschein. *(1913 v)*

Carl Zuckmayer: Der Baum

Ein Baum wuchs auf aus einem Bruch im Sumpf,
Wo es nach Pilz und bittrem Laube roch.
Erst brach ein Trieb aus längst verfaultem Stumpf,
Auf dem die Flechte wie ein grauer Aussatz kroch,

Dann schoß ein wildes Heer von Trieben hoch,
Und war ein Kampf nach Licht und eine Schlacht um Erde.
Wer starb, verfaulte bald, daß seine Leiche noch
Zu Trank und Speise für die andren werde.

Im Boden ward ein dunkles Wurzelregen,
Viel harte Fasern kämpften Schritt für Schritt,
Und Sonne, Wind und Regen kämpften mit,
Und Tag und Nacht ein Sieg, und Mond und Jahr ein Segen.

Saft stieg empor und Feuchte rann hernieder,
Die Stürme ritten auf dem jungen Baum
Und rasten weh um seine kühlen Glieder,
Und laue Luft war geil um seiner Knospen Flaum.

Insekten lebten viel in seinem Innern
Und viel in seiner Krone breiter Trift,
Unter der Rinde kroch wie schweres Sicherinnern
Des Borkenkäfers rätselvolle Schrift.

Und Moos und Mistel blieben ihm verschwistert,
Als um ihn her der letzte Schößling starb.
Was ihm zu Füßen um den Himmel warb,
War längst von seiner Himmelsgier verdüstert.

Wie Mond und Sterne ihn gesegnet haben,
Wie Schnee ihn barg und Frost zerbrach ihn nicht –
Oft war sein Stamm in dickste Nacht vergraben,
Doch seine Krone schwamm in grünem Licht.

O Herbst in Wäldern, seligen Feuers Brunst!
O Todesschrei der Bäume, die im Sturm versinken!
O später Tag im warmen Sterbedunst
Und wilde Nacht und kalter Frühe Blinken!

Als ein Oktober ihn begrub,
Lag er sehr groß im aufgewühlten Sumpf.

Doch als der Tauwind wehte, hub
Er schon zu faulen an und der zermorschte Stumpf

In mildem, phosphornem Verwesungsscheine
Bei Nacht zu leuchten, und der Äste Knauf
Zerfiel wie Mehl von menschlichem Gebeine,
Und junge Bäume wuchsen aus ihm auf. *(1926 v)*

Johannes R. Becher: Gesang der Kommune ›Internationale‹

I

Wir beginnen mit dem Lied
An die Erde.

Wir preisen die Fruchtbarkeit der Erde
Und ihre unerschöpflichen Reichtümer.

Wir preisen das Glück,
Auf dieser Erde geboren zu sein,
Die fruchtbar ist und
Unerschöpflich in ihrer Fülle.

II

Hügelig wird das Land vom Heu,
Wenn wir es hochpacken.
Auf und ab die Steppe
Wandern die Hügel.

Tretet ein
In unsere Scheunen:
Ihr Hügel, seid willkommen!

III

Einen neuen Stall haben wir gebaut.
Der alte war kein Stall mehr.
Wir machen ein Fest,
Wenn wir dem Vieh seinen Stall bringen.

IV

Der Kulak hat was vor,
Er spricht kein Wort.
Laßt ihn aufs Kollektiv spucken.
Soll er allein bleiben.

V

Morgen kehren welche heim
Von der roten Armee.
Wir haben ihnen geschrieben:
Bringt mit
Das ABC des Kommunismus.

VI

Bauern haben uns besucht:
Waren neugierig auf die Decke, die große,
Unter der wir nachts alle schlafen.
Alles, meinten sie, sei doch gemeinsam
In einer Kommune.

VII

Eine Handvoll Erde,
Warm und feucht –
Drück ihr die Hand:
Gute Erde.

VIII

Saatgut wird geschickt.
Ein Agronom kommt,
Den Boden untersuchen,
Er wird uns zeigen, den Boden
Richtig zu düngen.

IX

Eine Antenne haben wir uns
Aufs Dach gesteckt,

Damit greifen wir nach den Klängen,
Die im Weltraum umherirren,
Und leiten die Worte ab
In unsere Ohren.

X

Am meisten verdrießt den Popen,
Daß es hell ist in unseren Stuben.
Er mag das Licht nicht leiden.
Die Elektrizität vertreibt ihn.

XI

Auf der Traktorstation
Kannst Du lernen,
Einen Traktor fahren.
Hochaufgerichtet
Auf dem Traktor
Fährst Du ins Land.
Und das Land gibt nach,
Der Boden wird weich,
Mit schwarzen Wellen
Spritzt er um Dich.

XII

Gebt dem Wind den Befehl,
Kräftig die Bäume zu schütteln –
Großes Äpfelfallen!
Woher nur die Körbe nehmen –
Soweit Du blickst,
Rollt die Erde –

XIII

Als der Mensch die Knechtschaft abtat,
Wurde frei
Auch die Erde:

Die Berge schlossen sich auf,
Die Kraft des Gesteins kam aus den Bergen.

Jetzt ist der Himmel erst richtig blau
Und die Wälder haben einen guten Geruch
Und eine schöne Farbe.

Das Korn in der Erde spürte,
Daß die Luft oben rein war
Und es schossen hoch die Halme,
Wachsend wie nie zuvor
In der reinen Luft.

(1931 v)

Hermann Hesse: Sprache des Frühlings

Jedes Kind weiß, was der Frühling spricht:
Lebe, wachse, blühe, hoffe, liebe,
Freue dich und treibe neue Triebe,
Gib dich hin und fürcht' das Leben nicht!

Jeder Greis weiß, was der Frühling spricht:
Alter Mann, laß dich begraben,
Räume deinen Platz den muntern Knaben,
Gib dich hin und fürcht' das Sterben nicht!

(1932 e)

Johannes Linke: Esche und Ulme

Ewig geheim bleibt der Ursprung.
Träumer nur sehen ihn,
Und die Märchen erzählenden Mütter
Sagen uns aus,
Wie elternlos die Ahnen des Menschengeschlechts
Ins Leben erwachten,
Von Gott gezeugt
Und aus der Erde geboren.

Wir aber Nordgebürtige
Sind aus dem Stamm der Bäume,
Denn wie die Sagen wissen, ging einst ein Göttlicher

Wandernd am Meerstrand,
Wo er in Dünensand und Geröll
Zwei Bäume antraf,
Den steilen Eschenstamm
Und die blätterneigende Ulme.

Himmlische schauen, was uns verborgen
Und zu erkennen versagt.
Also erblickte der Gott, traumwach,
Die Wurzelfüße im Erdreich,
Den schlanken Stammleib und den breithüftigen,
Rindenhäutig, Astarme biegsam und stark
Und darüber das atmende Laubhaupt
Im Sternlicht des Himmels.

Eigenhändig schnitzte der Schöpfer
Schenkel und Brust aus dem Holz,
Hals und Haupt nach seinem Urbild,
Küßte die Knospen der Augen
Dem Sonnenstrahl offen,
Hauchte den Gotteswind in den verschlossenen Mund
Und erhitzte das Saftblut
Im Wellenschlage des Meeres.

Keiner weiß um die Herkunft.
Wenn aber wahr ist, was alte Seher verkünden,
Daß wir aus Baumgeschlecht stammen,
Von hartem Holze,
Dann ist's begreiflich, warum wir so zäh
Bei allem Wanderdrang am Heimatgrund haften,
Windgewohnt und den Sternen vertraut
Die Bäume als liebste Geschwister ehren.

(1934 v)

Gottfried Benn: Astern

Astern – schwälende Tage,
alte Beschwörung, Bann,
die Götter halten die Waage
eine zögernde Stunde an.

Noch einmal die goldenen Herden
der Himmel, das Licht, der Flor,
was brütet das alte Werden
unter den sterbenden Flügeln vor?

Noch einmal das Ersehnte,
den Rausch, der Rosen Du –
der Sommer stand und lehnte
und sah den Schwalben zu,

noch einmal ein Vermuten,
wo längst Gewißheit wacht:
die Schwalben streifen die Fluten
und trinken Fahrt und Nacht.

(1936 v)

Gottfried Benn: Anemone

Erschütterer –: Anemone,
die Erde ist kalt, ist nichts,
da murmelt deine Krone
ein Wort des Glaubens, des Lichts.

Der Erde ohne Güte,
der nur die Macht gerät,
ward deine leise Blüte
so schweigend hingesät.

Erschütterer –: Anemone,
du trägst den Glauben, das Licht,
den einst der Sommer als Krone
aus großen Blüten flicht.

(1936 v)

Bertolt Brecht: An die Nachgeborenen

I

Wirklich, ich lebe in finsteren Zeiten!
Das arglose Wort ist töricht. Eine glatte Stirn
Deutet auf Unempfindlichkeit hin. Der Lachende
Hat die furchtbare Nachricht
Nur noch nicht empfangen.

Was sind das für Zeiten, wo
Ein Gespräch über Bäume fast ein Verbrechen ist
Weil es ein Schweigen über so viele Untaten einschließt!
Der dort ruhig über die Straße geht
Ist wohl nicht mehr erreichbar für seine Freunde
Die in Not sind?

Es ist wahr: ich verdiene noch meinen Unterhalt
Aber glaubt mir: das ist nur ein Zufall. Nichts
Von dem, was ich tue, berechtigt mich dazu, mich satt zu essen.
Zufällig bin ich verschont. (Wenn mein Glück aussetzt, bin ich verloren.)

Man sagt mir: Iß und trink du! Sei froh, daß du hast!
Aber wie kann ich essen und trinken, wenn
Ich dem Hungernden entreiße, was ich esse, und
Mein Glas Wasser einem Verdurstenden fehlt?
Und doch esse und trinke ich.

Ich wäre gerne auch weise.
In den alten Büchern steht, was weise ist:
Sich aus dem Streit der Welt halten und die kurze Zeit
Ohne Furcht verbringen
Auch ohne Gewalt auskommen
Böses mit Gutem vergelten
Seine Wünsche nicht erfüllen, sondern vergessen
Gilt für weise.
Alles das kann ich nicht:
Wirklich, ich lebe in finsteren Zeiten!

II

In die Städte kam ich zur Zeit der Unordnung
Als da Hunger herrschte.
Unter die Menschen kam ich zu der Zeit des Aufruhrs
Und ich empörte mich mit ihnen.
So verging meine Zeit
Die auf Erden mir gegeben war.

Mein Essen aß ich zwischen den Schlachten
Schlafen legte ich mich unter die Mörder
Der Liebe pflegte ich achtlos
Und die Natur sah ich ohne Geduld.
So verging meine Zeit
Die auf Erden mir gegeben war.

Die Straßen führten in den Sumpf zu meiner Zeit.
Die Sprache verriet mich dem Schlächter.
Ich vermochte nur wenig. Aber die Herrschenden
Saßen ohne mich sicherer, das hoffte ich.
So verging meine Zeit
Die auf Erden mir gegeben war.

Die Kräfte waren gering. Das Ziel
Lag in großer Ferne
Es war deutlich sichtbar, wenn auch für mich
Kaum zu erreichen.
So verging meine Zeit
Die auf Erden mir gegeben war.

III

Ihr, die ihr auftauchen werdet aus der Flut
In der wir untergegangen sind
Gedenkt
Wenn ihr von unseren Schwächen sprecht
Auch der finsteren Zeit
Der ihr entronnen seid.

Gingen wir doch, öfter als die Schuhe die Länder wechselnd
Durch die Kriege der Klassen, verzweifelt
Wenn da nur Unrecht war und keine Empörung.

Dabei wissen wir doch:
Auch der Haß gegen die Niedrigkeit
Verzerrt die Züge.
Auch der Zorn über das Unrecht
Macht die Stimme heiser. Ach, wir
Die wir den Boden bereiten wollten für Freundlichkeit
Konnten selber nicht freundlich sein.

Ihr aber, wenn es so weit sein wird
Daß der Mensch dem Menschen ein Helfer ist
Gedenkt unsrer
Mit Nachsicht. *(1938 e)*

Bertolt Brecht: Schlechte Zeit für Lyrik

Ich weiß doch: nur der Glückliche
Ist beliebt. Seine Stimme
Hört man gern. Sein Gesicht ist schön.

Der verkrüppelte Baum im Hof
Zeigt auf den schlechten Boden, aber
Die Vorübergehenden schimpfen ihn einen Krüppel
Doch mit Recht.

Die grünen Boote und die lustigen Segel des Sundes
Sehe ich nicht. Von allem
Sehe ich nur der Fischer rissiges Garnnetz.
Warum rede ich nur davon
Daß die vierzigjährige Häuslerin gekrümmt geht?
Die Brüste der Mädchen
Sind warm wie ehedem.

In meinem Lied ein Reim
Käme mir fast vor wie Übermut.

In mir streiten sich
Die Begeisterung über den blühenden Apfelbaum
Und das Entsetzen über die Reden des Anstreichers.
Aber nur das zweite
Drängt mich zum Schreibtisch.

(1938 e)

Else Lasker-Schüler: Herbst

Ich pflücke mir am Weg das letzte Tausendschön …
Es kam ein Engel mir mein Totenkleid zu nähen –
Denn ich muß andere Welten weiter tragen.

Das ewige Leben *dem,* der viel von Liebe weiß zu sagen.
Ein Mensch der *Liebe* kann nur auferstehen!
Haß schachtelt ein! wie hoch die Fackel auch mag schlagen.

Ich will dir viel viel Liebe sagen –
Wenn auch schon kühle Winde wehen,
In Wirbeln sich um Bäume drehen,
Um Herzen, die in ihren Wiegen lagen.

Mir ist auf Erden weh geschehen …
Der Mond gibt Antwort dir auf deine Fragen.
Er sah verhängt mich auch an Tagen,
Die zaghaft ich beging auf Zehen.

(1943 v)

Bertolt Brecht: Lektüre ohne Unschuld

In seinen Tagebüchern der Kriegszeit
Erwähnt der Dichter Gide einen riesigen Platanenbaum
Den er bewundert – lange – wegen seines enormen Rumpfes
Seiner mächtigen Verzweigung und seines Gleichgewichts
Bewirkt durch die Schwere seiner wichtigsten Äste.

Im fernen Kalifornien
Lese ich kopfschüttelnd diese Notiz.
Die Völker verbluten. Kein natürlicher Plan
Sieht ein glückliches Gleichgewicht vor.

(1944 e)

Ricarda Huch: An die Bäume

Ihr, die Verwandelten,
Einst ein Geschlecht von Göttern,
Ehrwürdige Bäume,
Liebt ihr mich wie ich euch?
Achtet ihr mein, der Kurzlebenden,
Sklavisch Gebundenen?
Tief in die Erde gemauert,
Steht euer Stamm wie ein Turm,
In versteinerten Schuppenpanzern
Unüberwindlich wie Behemoth[5].
Silbergerüstete Pappeln heben
Auf zu den Wolken ihr schimmerndes Haupt.
Geisterhaft
Umhaucht die Ölweide Wohlgeruch,
Die uralt verkrümmte,
Und wie erstarrte Schlangen
Krallt sich der Eiche Geäst
Schicksalhaft: Schicksale, die jetzt fern,
Längst vergessen von euch,
Aber wie hehre Musik
Durch eure heiligen Wipfel rauschen.

(1944/47 v)

(5)* In der Bibel im Alten Testament (Hiob 40,10 [15]) Name des Nilpferds; in der Apokalypse mythisches Tier der Endzeit.

Gedichte seit 1950

Günter Eich: Ende eines Sommers

Wer möchte leben ohne den Trost der Bäume!

Wie gut, daß sie am Sterben teilhaben!
Die Pfirsiche sind geerntet, die Pflaumen färben sich,
während unter dem Brückenbogen die Zeit rauscht.

Dem Vogelzug vertraue ich meine Verzweiflung an.
Er mißt seinen Teil von Ewigkeit gelassen ab.
Seine Strecken
werden sichtbar im Blattwerk als dunkler Zwang,
die Bewegung der Flügel färbt die Früchte.

Es heißt Geduld haben.
Bald wird die Vogelschrift entsiegelt,
unter der Zunge ist der Pfennig zu schmecken.

(1950 e)

Paul Celan: Landschaft

Ihr hohen Pappeln – Menschen dieser Erde!
Ihr schwarzen Teiche Glücks – ihr spiegelt sie zu Tode!

Ich sah dich, Schwester, stehn in diesem Glanze.

(1952 v)

Gottfried Benn: Ebereschen

Ebereschen – noch nicht ganz rot
von jenem Farbton, wo sie sich entwickeln
zu Nachglut, Vogelbeere, Herbst und Tod.

Ebereschen – noch etwas fahl,
doch siehe schon zu einem Strauß gebunden

ankündigend halbtief die Abschiedsstunden:
vielleicht nie mehr, vielleicht dies letzte Mal.

Ebereschen – dies Jahr und Jahre immerzu
in fahlen Tönen erst und dann in roten
gefärbt, gefüllt, gereift, zu Gott geboten –
wo aber fülltest, färbtest, reiftest du –?

(1954 v)

Paul Celan: Die Felder

Immer die eine, die Pappel
am Saum des Gedankens.
Immer der Finger, der aufragt
am Rain.

Weit schon davor
zögert die Furche im Abend.
Aber die Wolke:
sie zieht.

Immer das Aug.
Immer das Aug, dessen Lid
du aufschlägst beim Schein
seines gesenkten Geschwisters.
Immer dies Aug.

Immer dies Aug, dessen Blick
die eine, die Pappel umspinnt.

(1955 v)

Ingeborg Bachmann: An die Sonne

Schöner als der beachtliche Mond und sein geadeltes Licht,
Schöner als die Sterne, die berühmten Orden der Nacht,
Viel schöner als der feurige Auftritt eines Kometen
Und zu weit Schönrem berufen als jedes andre Gestirn,
Weil dein und mein Leben jeden Tag an ihr hängt, ist die Sonne.

Schöne Sonne, die aufgeht, ihr Werk nicht vergessen hat
Und beendet, am schönsten im Sommer, wenn ein Tag
An den Küsten verdampft und ohne Kraft gespiegelt die Segel
Über dein Aug ziehn, bis du müde wirst und das letzte verkürzt.

Ohne die Sonne nimmt auch die Kunst wieder den Schleier,
Du erscheinst mir nicht mehr, und die See und der Sand,
Von Schatten gepeitscht, fliehen unter mein Lid.

Schönes Licht, das uns warm hält, bewahrt und wunderbar sorgt,
Daß ich wieder sehe und daß ich dich wiederseh!

Nichts Schönres unter der Sonne als unter der Sonne zu sein …

Nichts Schönres als den Stab im Wasser zu sehn und den Vogel oben,
Der seinen Flug überlegt, und unten die Fische im Schwarm,
Gefärbt, geformt, in die Welt gekommen mit einer Sendung von Licht,
Und den Umkreis zu sehn, das Geviert eines Felds, das Tausendeck meines Lands
Und das Kleid, das du angetan hast. Und dein Kleid, glockig und blau!

Schönes Blau, in dem die Pfauen spazieren und sich verneigen,

Blau der Fernen, der Zonen des Glücks mit den Wettern
für mein Gefühl,
Blauer Zufall am Horizont! Und meine begeisterten Augen
Weiten sich wieder und blinken und brennen sich wund.

Schöne Sonne, der vom Staub noch die größte Bewund-
rung gebührt,
Drum werde ich nicht wegen dem Mond und den Sternen
und nicht,
Weil die Nacht mit Kometen prahlt und in mir einen
Narren sucht,
Sondern deinetwegen und bald endlos und wie um nichts
sonst
Klage führen über den unabwendbaren Verlust meiner
Augen.
(1956 v)

Günter Grass: Bohnen und Birnen

Bevor die grünen Dotter welken, –
die Hennen brüten einen frühen Herbst, –
jetzt gleich, bevor die Scherenschleifer
den Mond mit hartem Daumen prüfen,
der Sommer hängt noch an drei Fäden,
den Frost verschließt ein Medaillon,
noch eh der Schmuck, verwandt dem Regen wandert,
noch eh die Hälse nackt, vom Nebel halb begriffen,
bevor die Feuerwehr die Astern löscht
und Spinnen in die Gläser fallen,
um so der Zugluft zu entgehen,
vorher, bevor wir uns verkleiden,
in ärmliche Romane wickeln,
laßt uns noch grüne Bohnen brechen.
Mit gelben Birnen, einer Nelke,
mit Hammelfleisch laßt uns die grünen Bohnen,
mit schwarzer Nelke und mit gelben Birnen,
so wollen wir die grünen Bohnen essen,
mit Hammelfleisch mit Nelke und mit Birnen. *(1956 v)*

Paul Celan: Entwurf einer Landschaft

Rundgräber, unten. Im
Viertakt der Jahresschritt auf
den Steilstufen rings.

Laven, Basalte, weltherz-
durchglühtes Gestein.
Quelltuff,
wo uns das Licht wuchs, vor
dem Atem.

Ölgrün, meerdurchstäubt die
unbetretbare Stunde. Gegen
die Mitte zu, grau,
ein Steinsattel, drauf,
gebeult und verkohlt,
die Tierstirn mit
der strahligen Blesse. *(1959 v)*

Adrien Turel: Einst stieg das Meer an Land und hieß der Baum

Einst stieg das Meer an Land und hieß der Baum.
Nie hat das Tier darauf verzichtet,
Dem Fische gleich im Flutenschwang zu atmen.
Die Vögel zwitschernd im Gezweig,
Die Kolibris wie Bienen schwirrend,
Die Schmetterlinge, Faultier, Affe, Fledermaus,
Die Schlangen und die Katzen im Gezweig,
Die Tiere, alle Beeren – sind nur Boten,
Die Wälder höherpflanzend aufs Gebirge.

Einst hing das Wasser seine Flaschenzüge
Ans Speichenwerk der Sonne, zog sich hoch,
In Nebelbrandung ans Gebirge rollend,
Und zwischen Wolkenspiel und Wellen hangend
Wogte der Wipfel Meergrün in der Nacht.
So stieg das Meer an Land und hieß der Baum.

Es war das Tier kein dummer Fisch,
Am Strand verdurstend, wenn die Ebbe weicht,
Wir pflanzen, wenn wir hoch zu laichen in die Berge steigen,
Das grüne Nebelmeer der Wälderbrandung vor uns her,
Daß wir verdursten nicht und nicht verschmachten,
Daß unsres Lebens Kiemen nicht verdorren.
So stieg das Meer an Land und hieß der Baum. *(1960 v)*

Günter Kunert: Als ich ein Baum war

1 Als ich noch ein Baum gewesen,
Hielt ich mich mit Wurzeln
In der guten Erde fest
Und liebte die Erde, weil diese
Mich aus sich kommen läßt.

2 Nahm auf, was sie mir geboten,
Und schützte dafür vor den Strahlen
Der Sonne sie mit jedem Blatt:
Daß nicht zu Wüste werde,
Die mich einst geboren hat.

3 Weil ich aufwuchs, ragte ich endlich
Über Sträucher und Büsche heraus:
So ward die Welt größer und weiter,
Zeigte Gaskammern, Galgen und Zellen
Und sah wie ein Schlachthof aus.

4 Damals habe ich mich entschlossen,
Nicht länger Baum mehr zu sein;
Und zog mich aus dem Boden mit Macht
Und mischte mich in das Leben der Menschen
Ganz unauffällig ein.

5 Hoffe heimlich, sie erkannten
Am Blut, das an den Wurzeln mir blieb,
Daß ihnen zu Hilfe sich losgerissen
Ein Baum! den der Anblick der Kämpfe
Aus den friedlichen Wäldern trieb. *(1961 v)*

Bernd Jentzsch: Die grünen Bäume starben in uns ab

Die grünen Bäume mit den scharzen Stämmen
Wuchsen in uns ein und starben in uns ab.

Die Elemente der Erde, Phosphor und Schwefel,
Fielen aus den Wolken am Tag und in der Nacht.

Sirenen sägten Bunker in den Schlaf.
Ein Taschenlampenstrahl war der Abendstern.

Die Mäntel trugen wir übereinander.
Blicke glitten nach oben, wo auch Stare flogen.

Die roten Städte mit den schwarzen Haaren
Glichen nicht den Städten aus dem Bilderbuch.

Die wir unsere Väter nannten, erklärten nichts.
Ihre Stimmen schwiegen unter Befehlen und Schnee.

In den Wäldern toter Straßen und im Geäst
Des Vogelflugs erwachten wir zu plötzlich.

Die uns hätten Gefährten werden können,
Trugen keine Haut auf dem Gesicht.

Wir suchen nach der Haut unserer Gefährten
In den Gesichtern derer, die noch leben.

Zorn wohnt in uns, und Hoffnung ist da,
Wenn wir an grüne Bäume denken.

(1962 e)

Peter Huchel: Sibylle des Sommers

September schleudert die Wabe des Lichts
weit über die felsigen Gärten aus.
Noch will die Sibylle des Sommers nicht sterben.
Den Fuß im Nebel und starren Gesichts
bewacht sie das Feuer im laubigen Haus,
wo Mandelschalen als Urnenscherben
zersplittert im harten Weggras liegen.
Das Schilfblatt neigt sich, das Wasser zu kerben.
Die Spinnen reisen, die Fäden fliegen.
Noch will die Sibylle des Sommers nicht sterben.
Sie knotet ihr Haar in den Bäumen fest.
Die Feige leuchtet in klaffender Fäule.
Und weiß und rund wie das Ei der Eule
glänzt abends der Mond im dünnen Geäst.

(1963 v)

Peter Huchel: Der Garten des Theophrast

Meinem Sohn

Wenn mittags das weiße Feuer
der Verse über den Urnen tanzt,
gedenke, mein Sohn. Gedenke derer,
die einst Gespräche wie Bäume gepflanzt.
Tot ist der Garten, mein Atem wird schwerer,
bewahre die Stunde, hier ging Theophrast,
mit Eichenlohe zu düngen den Boden,
die wunde Rinde zu binden mit Bast.
Ein Ölbaum spaltet das mürbe Gemäuer
und ist noch Stimme im heißen Staub.
Sie gaben Befehl, die Wurzel zu roden.
Es sinkt dein Licht, schutzloses Laub.

(1963 v)

Hans Magnus Enzensberger: flechtenkunde

i
daß die steine reden,
soll vorkommen.
aber die flechte?

ii
die flechte beschreibt sich,
schreibt sich ein, schreibt
in verschlüsselter schrift
ein weitschweifiges schweigen:
graphis scripta.

iii
sie ist der erde
langsamstes telegramm,
ein telegramm das nie ankommt:
überall ist es schon da,
auch in feuerland,
auch auf den gräbern.

iv
»wer das lesen könnt!«
leichter entziffert sich
der bart, der papyrus,
der schattenriß, das gehirn,
als diese trockene lunge.

v
sie kämpft um ihr leben
unbewaffnet
und kaum besieglich.
(ich seh es euch an:
ihr glaubt mir nicht
was ich sage.)

vi
niemals strauchelt die flechte.
ihre werke mißlingen nicht.
vergesellschaftet hat sie,

höre ich, ihre produktionsmittel,
die ehrwürdige kommunistin.

vii
in unsern verwirrungen
verlangt es mich oft
nach dem anblick der flechte.
man bringe mir einen berg,
und ich zeige euch was ich meine.

viii
isländisch moos, grauhaar,
wer hat dich verschleppt
in unsere hausapotheke?
gleichmütig stehst du uns bei
wenn wir blut spucken.

ix
worauf will dieser hinaus,
sagt ihr, mit seinen flechten?
soll er hungermoos essen!
wir haben keine zeit.

x
aber die flechte,
die flechte hat zeit.
diese tausendjährige da
zu euern füßen
hat barbarossas schuh
zertreten, doch sie
achtete seiner nicht.

xi
nicht von den ungeschlachten
schlachten der reiter
ist das färbermoos rot,
doch es war dabei.

xii
unblutige lunge, rostrot,
safran, korallen, orange,
persio, scharlach, orseille:

alles auf grauem grund,
auf dem grauen grund
von spitzbergen.

xiii
so haltbar sind unsere wahrheiten nicht.
zudeckt die flechte das tote holz,
die idole, den schotter, die lava,
überdauert kirchen und wracks.
das rentiermoos,
fast weiß, aber nicht ganz.

xiv
ich weiß nicht, wehrt sich der fels
gegen die flechte?
sie sprengt ihn nicht,
sie bewohnt ihn,
macht ihn bewohnbar.

xv
so wie es mit uns war war es nichts.
so wie es mit uns ist ist es nichts.
das versteht sich. so
wie es mit uns sein wird
wird es vortrefflich sein,
ganz ohne zweifel.

xvi
aber ihr glaubt mir ja nicht
was ich sage.
habt ihr immer noch nicht
euer gehirn, euern bart entziffert?

xvii
ach ja, die flechte,
beinahe
hätten wir sie vergessen.
lichtflechte, sonnenmoos,
seibeiuns,
großes gedächtnis.

xviii
vom manna träumen wir alle.

aber wer hat das manna gemacht?
das wissen die wenigsten.
es war die flechte.

xix
ich habe *vortrefflich* gesagt.
vorläufig allerdings
sind wir noch nicht soweit
wie die flechte.
das versteht sich.

xx
ich weiß nicht wie manna schmeckt.
aber es wird vortrefflich sein,
ganz ohne zweifel. *(1964 v)*

Karl Krolow: Naturgeschichte

Die Naturgeschichte
blüht in verschiedenen Sträuchern.

Leute gehen vorüber
sagen grün oder gelb.

Abgewendet
duftet eine Rose
für ihren Dichter.

Goethes Veilchen
dauert im Papierbukett.

Der Sommer stellt mit Nelken
Frauen nach.

Geschnittene Astern
hält man der schwächer werdenden Sonne
vor die Augen.

Das pflanzenkundliche Jahr
erholt sich in immer anderen
Farben. *(1965 e)*

Helga Novak: Hundstreue

ich bin den Bäumen treu wie ein Hund

die zerrissene Weide vor meinem Haus
in die vor Jahren der Blitz einschlug
steigt nachts in meine Träume
da hört man uns weithin greinen

über unsere zwei Stämme
über unsere zwei Leiber
über unsere zwei Vaterländer

ich weiß nicht warum
durch meine Nerven ständig
diese alte unbegriffene unvollendete
und ekelhaft lange Liebe flattert

überall wird Brot gebacken
und überall teuer verkauft
ich fliehe mein Land und die Weide
und ich komme zurück
ich bin den Bäumen treu wie ein Hund.

(1965 v)

Günter Eich: Vorsicht

Die Kastanien blühn.
Ich nehme es zur Kenntnis,
äußere mich aber nicht dazu.

(1966 e)

Günter Eich: Zwischenbescheid für bedauernswerte Bäume

Akazien sind ohne Zeitbezug.
Akazien sind soziologisch unerheblich.
Akazien sind keine Akazien.

(1966 e)

Paul Celan:

EIN BLATT, baumlos,
für Bertolt Brecht:

Was sind das für Zeiten,
wo ein Gespräch
beinah ein Verbrechen ist,
weil es soviel Gesagtes
mit einschließt?

(1971 v)

Erich Fried: Neue Naturdichtung

Er weiß daß es eintönig wäre
nur immer Gedichte zu machen
über die Widersprüche dieser Gesellschaft
und daß er lieber über die Tannen am Morgen
schreiben sollte
Daher fällt ihm bald ein Gedicht ein
über den nötigen Themenwechsel und über
seinen Vorsatz
von den Tannen am Morgen zu schreiben

Aber sogar wenn er wirklich früh genug aufsteht
und sich hinausfahren läßt zu den Tannen am Morgen
fällt ihm dann etwas ein zu ihrem Anblick und Duft?
Oder ertappt er sich auf der Fahrt bei dem Einfall:
Wenn wir hinauskommen
sind sie vielleicht schon gefällt
und liegen astlos auf dem zerklüfteten Sandgrund
zwischen Sägemehl Spänen und abgefallenen Nadeln
weil irgendein Spekulant den Boden gekauft hat

Das wäre zwar traurig
doch der Harzgeruch wäre dann stärker
und das Morgenlicht auf den gelben gesägten Stümpfen
wäre dann heller weil keine Baumkrone mehr
der Sonne im Weg stünde. Das

wäre ein neuer Eindruck
selbsterlebt und sicher mehr als genug
für ein Gedicht
das diese Gesellschaft anklagt

(1972 v)

Jürgen Becker: Natur-Gedicht

in der Nähe des Hauses,
der Kahlschlag, Kieshügel, Krater
erinnern mich daran –
nichts Neues; kaputte Natur,
aber ich vergesse das gern,
solange ein Strauch steht.

(1974 v)

Christoph Meckel: Andere Erde

Wenn erst die Bäume gezählt sind und das Laub
Blatt für Blatt auf die Ämter gebracht wird
werden wir wissen, was die Erde wert war.
Einzutauchen in Flüsse voll Wasser
und Kirschen zu ernten an einem Morgen im Juni
wird ein Privileg sein, nicht für Viele.
Gerne werden wir uns der verbrauchten Welt
erinnern, als die Zeit sich vermischte
mit Monstern und Engeln, als der Himmel
ein offener Abzug war für den Rauch
und Vögel in Schwärmen über die Autobahn flogen
(wir standen im Garten, und unsre Gespräche
hielten die Zeit zurück, das Sterben der Bäume
flüchtige Legenden von Nesselkraut).

Shut up. Eine andere Erde, ein anderes Haus.
(Ein Habichtflügel im Schrank. Ein Blatt. Ein Wasser.)

(1974 v)

Volker Braun: Durchgearbeitete Landschaft

Hier sind wir durchgegangen
Mit unsern verschiedenen Werkzeugen

Hier stellten wir etwas Hartes an
Mit der ruhig rauchenden Heide

Hier lagen die Bäume verendet, mit nackten
Wurzeln, der Sand durchlöchert bis in die Adern
Und ausgepumpt, umzingelt der blühende Staub

Mit Stahlgestängen, aufgerissen die Orte, weggeschnitten

Überfahren der Dreck mit rohen Kisten, abgeteuft die
teuflischen Schächte
mitleidlos
Ausgelöffelt die weichen Lager, zerhackt, verschüttet,
zersiebt, das Unterste gekehrt nach oben und durch-
gewalkt und entseelt und zerklüftet alles

Hier sind wir durchgegangen.

Und bepflanzt mit einem durchdringenden Grün
Der Schluff, und kleinen Eichen ohne Furcht

Und in ein plötzliches zartes Gebirge
Die Bahn, gegossen aus blankem Bitum

Das Restloch mit blauem Wasser
Verfüllt und Booten: der Erde
Aufgeschlagenes Auge

Und der weiße neugeborene Strand
Den wir betreten

Zwischen uns.

(1974 v)

Volker Braun: Landwüst

Natur, wie zieht mich, mit grüner Schlinge
Das Blühen an, das Lodern
Des Winds auf den kahlen Kuppen
Und die harten halten mich, die verbohrten
Kirschbäume, auf den Schiefern!

Aber ich geh
In die Wälder, wo sie am dichtesten sind
Auf die gelassene Erde
Und seh sie gedreht und gewendet
Von Hand, und der Hang menschlich
Bestanden mit grüner Erfahrung.
Noch unter dem Dorf
Unter Brachdisteln und Fladern verschollen
Spür ich ein Dorf
Meiner Vorvoreltern Schlag
Und aufgebrannt der Welt ein Fleck
Zum Leben.

Und der Berg, herzieht der mich: abgerichtet
Für Galgen. Fingerhut
Welch blutiges Rot! Den harten Zügen
Folge ich, in der Gegend herum, Haufen
Leichnamen der geschlachteten Bauern.
Eisern noch
Strahlt der Morgenstern hier. Und ungestalt
Scheint alles Leben, wild
Und unbetreten die Tage.

Natürlich bleibt nichts.
Nichts bleibt natürlich.
Die Signale wachsen grün, die Weichen
Der Äcker. Ich, der Nachfahr
Lauf über die grauen Entwürfe
Ohne Geduld. Langsam
Steigen die Stallungen herauf
Zu den Burgen der Silos, Traktoren
Traben unter den Peitschenlampen.

Ich geh, in diesem Dorf
Mit zureichendem Grund
Aus mir heraus.

Wirtsberg
Rundblick 360 Grad
Der volle Winkel der Zukunft: gefüllt schon
Ein Streif.

(1974 v)

Arno Reinfrank: Das Grüne

Unser kleines Messingrädchen
grinst auf seinen gelben Zähnen
und es schnurrt und hüpft und bringt uns
in die Landwirtschaftsabteilung.

In die Landwirtschaftsabteilung,
wo die Möbel, wo die Wände
und sogar die Sachverwalter
alle grün gestrichen sind.

Ein Paar schlappe Gummistiefel
in besagter grüner Farbe
kommt mit seinen leeren Schäften
langsam zu uns hergeschlurft.

»Was bringt euch denn hierher?« fragen
nicht zu freundlich diese Stiefel.
»Hoffentlich doch nicht die Suche
nach romantischen Idyllen?«

»Wiesen voller bunter Blumen,
Lerchen trillern, Hähne krähen
und die Aprikosen blühen –
alles Kindermärchen!«

»Weideland und Äcker sind schon
längst zu Schlachtfeldern geworden,
darauf Bauern und Minister
hart um die Tarife kämpfen.«

»Gutes Wetter braucht der Weizen,
sollen seine Ähren reifen.
Soll der Weizen aber blühen,
braucht er die Getreidebörse.«

»Dort gedeiht er und verdirbt er
mit den Preisen, die man bietet.
Um sich im Geschäft zu halten,
muß man flink mechanisieren.«

»Automaten melken Kühe,
füttern Hennen, mästen Schweine,
pulvern in das Futter tüchtig
alle Sorten von Hormonen.«

»Automaten dreschen, häckseln,
mahlen Futtermehl und messen
in der Milch die Fettprozente.
Wachsbesprüht wird jeder Apfel.«

»Vom Tabak bis zu der Traube,
von dem Ei bis zur Kartoffel
geht's rapide vorwärts mit der
Umstellung auf die Maschinen ...«

Annabella unterbricht hier:
»Ihr mit eurem arroganten
Automaten-Glauben«, zischt sie,
»bringt das Gras noch zum Verdorrren.«

»Aber Liebling«, sag ich schlichtend,
»ohne die Mechanisierung
müßten wir erbärmlich hungern –
hab's im Fernsehn erst erfahren.«

»Du mit deinem Fernsehn«, lacht sie,
und ihr Lachen klingt gekünstelt.
»Neunmal weiser ist das Rindvieh,
das nicht vor dem Fernsehn hockt.«

»Trocken stehen jene Kühe,
denen man den Bullen fern hielt,

um sie mit der Klistierspritze
rein mechanisch zu befruchten.«

»Leer und ledern sind die Euter,
das Verhalten ist verworren
dieser Rinder, die sich rächen,
weil ihnen die Dingsbums fehlen.«

»Ach, wenn ihr nur was verständet
von der Alchimie des Lebens –
sorgsamer würdet ihr denken,
wohlbedachter handeln ...«

Annabella funkelt zornig
und zum Zeichen der Verachtung
zieht sie ihre längre Zeit schon
ungeputzte Nase hoch.

»Eure Automatenklugheit«,
schleudert sie den Gummistiefeln
mitleidslos gegen die Schäfte,
»wo verbilligt sie die Preise?«

»Wenn sie jemand nützt, dann nützt sie
uns nichts auf den Wochenmärkten
und beim Lebensmittelhändler,
wo die Preise ständig steigen.«

(Annabella sieht's, so denk ich,
in verzerrten Proportionen,
aber ich kann nur berichten,
was sie sagte und nichts andres ...)

(1974 v)

Ursula Krechel: Ich fälle einen Baum

Ich fälle einen Baum
fälle ihn einfach
trotz meiner Furcht
der fallende Baum
erschlägt mich.

Immer habe ich abseits gestanden
wenn Bäume gefällt wurden
zögernd in der Entfernung
in der man Kinder hält.
Immer haben andere
getan, was notwendig war:
bei den verdorrten Pappeln
in der Allee einzementiert
beim Kirschbaum, dessen
magere Ernte die Spatzen fraßen.
Immer abseits
mit den Händen in den Taschen.

Ich will nicht sagen
daß es leicht geht
mit Axt und Säge.
Die Späne fliegen
aber es geht. Mit einem Schlag
dem letzten, fällt die Zypresse
mir vor die Füße
verdunkelt nicht mehr
mit ihrem Friedhofsschatten
meinen Tisch am Fenster.

Jetzt wieder am Tisch
ist mein Gedicht ganz hell.

(1977 v)

Hans Christoph Buch: Was ist geschehen?

Warum erscheint uns der Satz, daß ein Gespräch über Bäume fast schon ein Verbrechen ist, heute fast schon selbst verbrecherisch?

Weil es nicht mehr sicher ist, ob es in hundert Jahren überhaupt noch Bäume geben wird auf dieser Erde, und weil das Schweigen über Bäume das Verschweigen so vieler Untaten einschließt, denen nicht allein Bäume zum Opfer fallen.

(1977 v)

Michael Krüger: Eine kurze Erinnerung an den Sommer

1

Wer hält dieses nervöse Bild zusammen
Wenn wir es nicht anschauen? Das Auge
Umkreist den offenen Himmel, es treibt

Die fliehenden Wolken zusammen und stellt
Eine Ordnung her. Es beschützt die Farben,
Die Dinge: eine blaue Wand steht unter

Seiner Aufsicht. Hinter der Wand lauert
Ein Begriff mit einem Nachschlüssel
Für die Formen, dem Auge nicht sichtbar,

Dem Denunzianten, der seine Fingerabdrücke
Hinterläßt in dieser Geschichte eines
Augenblicks.

2

Diese Augenblicke sind selten geworden
In der Biografie unserer Sinne. Eine Verschiebung
Hat stattgefunden, das ist zu berücksichtigen.

Aber in welcher Sprache? Der Himmel bespricht
Zwar noch die aerodynamischen Verhältnisse.
Die Wolken erzählen ein türkisches Märchen.
Der Begriff ist verschwiegen, doch kennen wir
Seine Gründe genau. Bleibt das Auge. Es ist
Außer sich: Die Geschäfte gehen schlecht,

Die Gesetze des Handels mit Blicken ändern sich
Von Tag zu Tag, von Stunde zu Stunde wechselt
Das Licht die Worte.

3

Abends kommen die Menschen zurück. Sie
Sitzen vermummt auf den Bänken am Markt-
Platz, andre versuchen vor der Kirche

Mit Stöcken die Zeit anzuhalten. Der Strand
Ist jetzt leer, viel Wind. Eine kühne Welle
Zerbricht kurz vor dem Ufer, die nächste

Rettet sich knisternd an Land und versiegt.
Das Auge beginnt mit dem Studium des Schweigens.
Damals, wer war ich? Wer bin ich, hier?

(1978 v)

Jürgen Becker: Erinnerung ans Land

Gelbe Hänge im Herbst noch eine Aussicht
auf die Bestände unserer frischgemachten Hoffnung
denn unsere gefalteten Körper bewegten sich
bäumten sich auf mit den Feuerbohnen
und wir zitierten nicht mehr den Verlust

es gab wieder Arbeit mit Holz
die Hemden flogen auf den Zaun
und der Gruß der schwitzenden Leute
hallte ins Tal zwischen den Eichen
war auf den Kürbissen ein Getrommel

nichts schreckte weder ein Hauch
vom Wintertod noch ein Manöverkampf
selbst die Folter des Traums
ließ zu ein Erwachen mit Gnade
und glitzernd kam auch der nasse Tag
(1979 v)

Ernst Meister:

DA IST KEIN SCHÖPFER,
da ist kein Zeuge,
da ist sie selbst
aus sich selbst,
Natur, sie allein –
und ich
wäre einsam
in ihr?

WARUM ERSCHRECKE ICH
über Seiendes,
obwohl ich
zu ihm gehöre?

Was ist es
mit dem Unterschied
dessen, das lebt
und das stirbt?

GEWISS, ich war
ein Same, ich denke
alles von diesem
nicht aus. Erde

werde ich sein, ich
denke sie, in welcher
wachsen die
unwissenden Binsen.

»EIN WORT
mit all seinem Grün«,
so las ich.

»Das Nichts mit
all seinem Grün«
ist möglich zu sagen,

denn es weiß
die lebendige Welt
außer uns ja

nichts von sich selbst. –
So denkt euch
und das Andere.

(1979 v)

Peter Rühmkorf: Alpensee

Abwärtsblicke, sich zum Keil verkürzend,
80 Grad und runter bis zum Grund:
mit der Nordwand niedersteigend-beinah-stürzend
Wälder, dunkelbunt.

Schwindeltief und bis ins Mark verschüchtert
schaust du in dies abgeschloßne Ich.
Vehement! der Erde eingetrichtert
ruht-es-nun: in sich.

Du, von Urgewalt
auch heranbewegt, doch im Geschiebe
wissend, daß es gut wär, wenn was bliebe
blau und dergestalt,

Reisender auf Siebenmeilensohlen,
tief im Kugellager,
sag, zu welchem Ziel du dich entrollst ...
Liebe auszuströmen, Atem einzuholen?
Oder ob du als Einmann-Versager
unbelehrt vernichtet werden sollst.

(1979 v)

Sarah Kirsch: Unsere Bäume

Finsteres Auge verwünschender Mund
Augenweide ich kenne mich nicht nur durch dich
Meine Augen niemals gesehn aber deine
Und die Farbe des Himmels
Wenn wir an der oder jener Ecke uns trennen
Ein Baum macht den Abschied leicht die Blätter
Gehn zugrunde und seine Wurzeln
Die Rinde bricht ab der Mauersegler
Kalt aufgewachsen fliegt durch die Bäume
Wir gehören ins Laub.

(1979 v)

Sarah Kirsch: Bäume

Ich bin den Bäumen nachgerannt im anderen Erdteil
Den Namen wollte ich wissen ihre Verwandtschaft
Seit wann sie das Land so bevölkern die Wurzeln
Treppenstufen hervor aus dem Boden reißen
Ihre Stämme sind nur zu dritt zu umspannen
Die Rinde ist tiefgefurcht schwarz ihre Äste
Gleichen dem Leib der Pythonschlange sie tragen
Gefingerte ledrige Blätter blaue Vögel in Trauben
Die Taxifahrer sagten das wären hier so die Bäume
In einer Bibliothek von fünfzehn Etagen
Waren in den Straßen und Häusern langer Regale
Herrliche Nachschlagewerke über Gott und die Welt
Seit Jahren untergekommen Enzyklopädien Atlanten
Viel Welthistorien Schauspielerführer Glossare
Alles aus dem Leben der Schmetterlinge
Aber die knorrigen Dinger von vor der Tür
Die Mitglieder weitreichender Tunnelalleen
Konnte ich im botanischen Viertel nicht finden
Auf jeder Party fing ich wieder an von den Bäumen
Die Leute reichten mir Wasser und Brot erzählten
Stundenlang von verschiedenen Möglichkeiten Gewächse
Während der Nacht feierlich zu beleuchten

Meine Erkundungen waren ein Schlag ins Wasser
Die Bäume standen nach wie vor namenlos da
Bis ich aufgeben und abreisen mußte
Wenn ich an sie denke grüne Gestalten geschieht es
Mit einem merkwürdigen Gefühl der Leere.

(1982 v)

Alfred Kolleritsch: Landschaft aus der Erinnerung

Daß es sich anders entfaltet hat:
der Wiesenhang, das große Beisammensein
der Blüten und Gräser,
und die Besessenheit der Falter:
plötzlich frei, ohne Ökonomie,
ohne Zank der Sätze,
als alles *für* sich,
stand unvernehmbar,
nicht schweigend,
nichts,
der Sonnentag,
dieses Auge, sehend,
im Reinen.

Holz brachte Holz zum Erklingen,
Halme, Halme,
in den Farbengüssen
atmeten Blätter,
das Grün, sanft:
für ein Verständnis,
zog es zur Fläche hin
in Erwartung der Früchte.

Der Duft kam,
das Überdauern:
eine Blüte gepreßt
für die ganze Zeit.

Daß alles auch göttlich sei,
hieß,
es gehört nicht den Menschen
später: in Fässern, Herbarien,
im Wiederweg, Jahr für Jahr
unter der Gleichzeitigkeit
vergangener Tage,
schaffte die Lust den Sieg:
»mein« Augenblick,
ohne ihn zu besitzen.

(1982 v)

Quellenverzeichnis zum Gedichtteil

Länder. Von der Jahrhundertwende bis zur jüngsten Gegenwart, hrsg. von Wolfgang Hädecke und Ulf Miehe. S. Mohn (Gütersloh 1965), S. 488

Novalis (Friedrich von Hardenberg) (1772–1801)
Der Abend 26
Werke, Tagebücher und Briefe, hrsg. von Hans-Joachim Mähl und Richard Samuel. Band. 1. Hanser (München 1978), S. 47

Opitz, Martin (1597–1639)
An die Bienen 9
Vberschrifft eines Gartens 9
Weltliche Poemeta. 1644. Zweiter Teil, hrsg. von Erich Trunz. Niemeyer, Tübingen 1975

Platen, August Graf von (1796–1835)
An eine Geisblattranke 36
Gedichte, hrsg. von C. Fischer. Lambert Schneider, Heidelberg 1958

Reinfrank, Arno (geb. 1934)
Das Grüne 81
Kopfstand der Pyramide. Delp, München 1974, S. 39–42

Rilke, Rainer Maria (1875–1926)
Herbsttag 47
Ein Frühlingswind 49
Sämtliche Werke, hrsg. vom Rilke-Archiv. Band 1 und 2. Insel (Frankfurt a. M.) 1956, Band 1, S. 398; Band 2, S. 16

Rühmkorf, Peter (geb. 1929)
Alpensee 88
Haltbar bis Ende 1999. Rowohlt, Reinbek 1979, S. 77

Salis-Seewis, Johann Gaudenz von (1762–1834)
Låndliches Gluͤck 23
Gedichte. Orell, Füßli u. Comp., Zürich 1835

Schubart, Christian Friedrich Daniel (1739–1791)
Die Linde 24
Sämtliche Gedichte, von ihm selbst hrsg. Band 1 und 2. Buchdruckerei der Herzoglichen Hohen Carls-Schule, Stuttgart 1785 und 1786, Band 2, S. 106ff.

Storm, Theodor (1817–1888)
Herbst 43
Späte Rosen. Novellen und Gedichte. Bertelsmann, Gütersloh (1958)

MATERIALIEN

Inhaltsverzeichnis

Einleitung

Der Materialienteil versammelt Texte aus Poetiken und Ästhetiken, dichterische Reflexion, Programmatik und Literaturkritisches. Die unterschiedliche Distanz und das unterschiedliche Spannungsverhältnis zwischen diesen Texten und den Gedichten kann einem eindringenderen Verständnis beider Teile dienstbar gemacht werden. Es werden Herkünfte sichtbar, Vermutungen über Ursprünge und Wissen über literarische Traditionen. Die Texte reflektieren eigenes Tun und bewerten das der anderen, Zeitgenossen und Vorläufer. Sie geben Einblick in die literarische Werkstatt und weisen Handwerkszeug vor, ohne das Geschaffene daraus herleitbar zu machen. Es werden Zeitmomente augenfällig: was interessiert, wovon man überzeugt ist, was man sich wünscht und wem man nachtrauert. Das fortdauernd wichtige Thema der Kunst als Naturnachahmung wird mehrfach belegt. Zusammenhänge zwischen Natur und Landschaft bzw. Naturlyrik und Landschaftsmalerei werden gezeigt und befragt. Und auch die Bemühungen, das Natur- und Kunstschöne philosophisch und psychologisch zu ergründen und zu begründen.
Die Textauswahl konnte nicht am gesamten Gedichtteil entlanggehen. Wir mußten Schwerpunkte setzen und haben es vorgezogen, nach den kurzen Auszügen aus *Opitz* und *Gottsched,* das 18. und beginnende 19. Jahrhundert in ihrem Interesse für die Fragen nach Natur, Mensch und Dichtung umfangreicher vorzustellen. Es kann eingesehen werden, wie Stadtfluchtwünsche und Sehnsucht nach dem Landleben Naturlyrisches motivieren; wie persönliche Aufmerksamkeit und Würdigkeit zur Voraussetzung individueller Naturempfindung geraten. Von besonderem Interesse: *Goethe,* der gegen Ende seines literarische Epochen übergreifenden Lebens auf die Anschauungen seiner Jugend zurückblickt. Aphoristisch und fragmentarisch suchen die Romantiker die Natur und »die Natur des

Gemüts« zu entbergen. Für *Jean Paul* »hat der Grundsatz, die Natur treu zu kopieren, kaum einen Sinn« mehr. Und *Hegel* verdächtigt die »schönen Gefühle und Herzensergüsse«, die der Naturbetrachtung entfließen, der Trivialität. Die Texte von *Heine* und *Wienbarg* markieren Wendepunkte, die Brüche werden anders gesehen, die durch die Welt und den Menschen gehen. Die Gedanken von *Benn* und aus dem Umkreis der Zeitschrift ›Kolonne‹ sollen das Verhältnis des »modernen Ich« zu Natur und Naturlyrik klären helfen, ein Verhältnis, in das Politik und Gesellschaft tief eingegriffen haben; *Turel* zeigt auf das Uneingeholte naturwissenschaftlicher Welterklärung im Gedicht. Aus dem Essay von *Rühmkorf* (1962) können Einsichten und Standpunkte abgelesen werden, aus denen lange Zeit noch Forderungen an die Naturlyrik abgeleitet werden. *Buch* resümiert 1977 die Fragestellung *Brechts* von 1938 und ihre literarische Nachfolge vor dem Hintergrund der Umweltproblematik, der wir gegenüberstehen und in die unsere Naturbeziehungen weitgehend eingebunden sind.

I. »Abschilderung des güldenen Weltalters«? Hirtenlied und Schäfergedicht

1. Martin Opitz: [Über Eklogen und Sylven]

(1624)

[...] Die Eclogen oder Hirtenlieder reden von schaffen / geißen / seewerck / erndten / erdgewächsen / fischereyen vnnd anderem feldwesen; vnd pflegen alles worvon sie reden / als von Liebe / heyrathen / absterben / buhlschafften / festtagen vnnd sonsten auff jhre bäwrische vnd einfältige art vor zue bringen.

[...] Sylven oder wälder sind nicht allein nur solche *carmina,* die auß geschwinder anregung vnnd hitze ohne arbeit von der hand weg gemacht werden / [...] sondern / wie jhr name selber anzeiget / der vom gleichniß eines Waldes / in dem vieler art vnd sorten Bäwme zue finden sindt / genommen ist / sie begreiffen auch allerley geistliche vnnd weltliche getichte / als da sind Hochzeit- vnd Geburtlieder / Glückwündtschungen nach außgestandener kranckheit / item auff reisen / oder auff die zuerückkunft von denselben / vnd dergleichen. [...]

Martin Opitz: Buch von der Deutschen Poeterey. David Müller, Breßlau 1624, D 3 a. Nachdruck in: Poetik des Barock, hrsg. von M. Szyrocki. Rowohlt, Reinbek 1968, S. 24f. Ausschnitte.

2. Johann Christoph Gottsched: Von Idyllen, Eklogen oder Schäfergedichten

(1737)

[...] § 3. Will man nun wissen, worinn das rechte Wesen eines guten Schäfergedichtes besteht: So kann ich kürzlich sagen; in der Nachahmung des unschuldigen, ruhigen und ungekünstelten Schäferlebens, welches vorzeiten in der Welt geführet worden. Poetisch würde ich sagen, es sey eine Abschilderung des güldenen Weltalters; auf christliche Art zu reden, eine Vorstellung des Standes der Unschuld, oder doch wenigstens der patriarchalischen Zeiten vor und nach der Sündfluth. Aus dieser Beschreibung kann ein jeder leicht wahrnehmen, was für ein herrliches Feld zu schönen Beschreibungen eines tugendhaften und glücklichen Lebens sich hier einem Poeten zeiget. Denn, die Wahrheit zu sagen, der heutige Schäferstand ist derjenige nicht, den man in Schäfergedichten abschildern muß. Er hat viel zu wenig Annehmlichkeiten, als daß er uns recht gefallen könnte. Unsre Landleute sind mehrenteils armselige, gedrückte und geplagte Leute. Sie sind selten die Besitzer ihrer Herden, und wenn sie es gleich sind: So werden ihnen doch so viel Steuren und Abgaben auferlegt, daß sie bey all ihrer sauren Arbeit kaum ihr Brod haben. Zudem herrschen unter ihnen schon so viele Laster, daß man sie nicht mehr als Muster der Tugend aufführen kann. Es müssen ganz andre Schäfer seyn, die ein Poet abschildern, und deren Lebensart er in seinen Gedichten nachahmen soll. [...]

Johann Christoph Gottsched: Versuch einer critischen Dichtkunst für die Deutschen, ..., Überall aber gezeiget wird, daß das innere Wesen der Poesie in einer Nachahmung der Natur bestehe. Zweyte und verbesserte Auflage. Breitkopf, Leipzig 1737, S. 439. Ausschnitt.

II. »Studieret die Natur« und die »Vielheit der künstlichen Bilder«

1. Johann Jakob Breitinger: [»Die Poesie ist eine geschickte Nachahmung der Natur«]

(1740)

[. . .] Es ist wohl nicht anderst, die Poesie ist eine geschickte Nachahmung der Natur; Die erste Grund-Regel, worauf alle Lehr-Bůcher von der Rede-Kunst hinaus lauffen můssen, lautet: Studieret die Natur und folget ihrem Wincke. Allein diese Regel ist so allgemein, so weit aussehend u. an Begriffen so reich, daß sie nicht alleine vor die Wohlredenheit und Poesie, sondern auch vor die Kůnste der Bildhauer und Mahler, und fast alle ůbrigen Kůnste, welche in der Nachahmung bestehen, dienet. Auch giebt uns diese Regel von der Natur und dem innerlichen Wesen der Dinge, keinen Unterricht. Und gesetzt daß wir die Natur derselben schon verstůhnden, so zeiget sie uns noch weniger als dieses, wie wir sie mit dem Griffel, oder dem Pinsel, oder der Feder, geschickt nachahmen sollen. Das ůberlåßt sie einer jeden von diesen Kůnsten vor sich selbst auszufůhren. Sie will uns allein erinnern, daß alle Lehren der Kunst aus einer genauen Betrachtung der Natur hergehohlet und festgestellet worden, damit wir dieselben mit desto gro̊sserm Fleiß u. Ernst untersuchen und in Acht nehmen. Sie sucht die Trågheit, mit der man diese Dinge ansiehet, zu verbannen, und damit sie uns ein Hertz mache, giebt sie uns eine Wegweiserin zu, welche uns auf die Spuhr helffen, und den Pfad, den wir zu gehen haben, aufrichtig vorzeigen werde. [. . .]

Johann Jakob Breitinger: Critische Abhandlung von der Natur, den Absichten und dem Gebrauch der Gleichnisse. Faksimiledruck nach der Ausgabe von 1740. Mit einem Nachwort von Manfred Windfuhr. Metzler, Stuttgart 1967, S. 198f. Ausschnitt.

2. Johann Jakob Breitinger: [Der Dichter als Schöpfer und die Natur]

(1740)

[...] Gleichwie sich die Pracht und der Reichthum der Natur nicht alleine in der Menge der Geschöpfe, sondern auch vornehmlich in der unendlichen Verschiedenheit derselben eräuget; also zeiget ein Dichter den Reichthum seines grossen Verstandes und Wizes nicht nur in der Vielheit der künstlichen Bilder, mit welchen er seine Schriften freygebig ausschmücket, sondern noch mehr in der ändernden Verschiedenheit derselben, durch welche die verdrüßliche Gleichheit vermieden, und das Gemüthe des Lesers mit einem neuen Ergetzen nach dem andern angefüllet wird. Ich betrachte den Dichter als einen Schöpfer; dieser wendet alle Kunst und alles Vermögen an, das Ergetzen, welches er durch seine Wercke erwecken will, so mannigfaltig zu verändern und zu vermehren, als nur möglich ist; und da die Wohlredenheit nichts anders als eine blosse Nachahmung der Natur ist, so muß der Dichter auch hierinnen ihrem grossen Exempel folgen, er muß sich befleissigen seine Schriften durch eine reiche Abänderung der Bilder angenehm zu machen, und dem Leser immer neue Scenen und neue Durchsichten vor Augen zu legen, welche seine neugierige Aufmercksamkeit nicht schmachten lassen, sondern mit immer neuer Verwunderung und Lust speisen und erfrischen. [...]

Johann Jakob Breitinger: Critische Abhandlung ..., s. o., S. 310. Ausschnitt.

III. »Durch Rührung des Herzens den Zugang zum Verstande suchen«

1. Johann Peter Uz: [»In Städten … ist nur ein halber Frühling«]

(1756)

[...] Aber, ohne Scherz! die hiesigen Gegenden sind die angenehmsten, die man sehen kann. Der Frůhling ist nirgend reizender, als hier. Armer Freund! Sie reden auch vom Frůhlinge? Sie, die im Rauche einer engen Stadt eingeschlossen leben, und die Stimme der Nachtigall nur bey den Poeten hôren? In Stådten, glauben Sie mir, ist nur ein halber Frůhling: der Hauch der Weste ist daselbst nur halb so lieblich, und die Bluhmen lachen mit einem nur gemeinen Reize. Dort kennet man die Schônheiten der Natur bloß dem Namen nach. Nur auf dem Lande kennet, fůhlet und genießt man sie: und ich kann, ohne zu lůgen, sagen, daß ich auf dem Lande bin, ob ich gleich in einer Stadt mich aufhalte, die nicht wenig Lårmen verursachet. [...]

Johann Peter Uz: Brief an Herrn Hofrath B. In: Lyrische und andere Gedichte. 3., verbesserte Auflage. Weitbrecht, Leipzig 1756, S. 200. Ausschnitt.

2. Christian Ludwig von Hagedorn: Die vorzügliche Wahl der schönen Natur in Gegenständen der Mahlerey und der Dichtkunst

(1762)

Angenehme Empfindungen, welche die Betrachtung des Schönen begleiten, sind der Absicht des Schöpfers gemäß: und den gesunden Geschmack, womit die Natur ordentlicher Weise niemand verwahrloset hat, unterdrücken, verwöhnen und verderben wollen, heißt ein Geschenk derselben verschmähen, und unserer Bestimmung zuwider handeln.

Für wen ist die Natur so schön geschmückt? Wem blühen die Künste? Nur dem Aufmerksamen, dem Würdigen. Lauter Uebereinstimmung herrscht in jener, ein oft viel schwächers Gegenbild derselben in den bildenden Künsten. Gleichwohl sind es auch diese, die, wie alle angenehmen Künste, durch Rührung des Herzens den Zugang zum Verstande suchen, und vermöge des sinnlichsten Ausdrukkes der Vollkommenheit sich unserem heitersten und unschuldigsten Vergnügen widmen.

Das Mittel ist die Nachahmung des Schönen in der Natur, und dessen sinnlichsten Ausdruck hat das Recht, uns auch darum zu gefallen, weil er allgemeine und entfernete Begriffe unserer Einbildungskraft durch Bilder erleichert. Wir sind bereit, uns durch das Erhabene und Unerwartete in Verwunderung setzen zu lassen. Ein angenehmes Erstaunen erlaubt uns, fast unserer selbst darüber zu vergessen. Wir wollen bald durch lebhafte Vorstellung rührender Handlungen, an den Verwickelungen ernsthafter und wichtiger Unternehmungen, an den damit verknüpften Leidenschaften, es sey Schmerz oder Unruhe, Liebe, Mitleiden oder Großmuth, Theil nehmen; bald wenden wir uns von höhern Gegenständen, um menschliche Fehler zu belachen, oder das Vergnügen der bürgerlichen Gesellschaft und des ruhigen und freyen Landlebens, das beydes zwar selbst widrigen Begebenheiten unterworfen ist, auch in Bildern zu empfinden. In jenem Falle scheinen wir uns durch das Gefůhl der Großmuth zu erhőhen, und diesem Fall uns sanften Trieben zu ůberlassen, oder doch solche in edelen Bildern unserer selbst wůrdiger zu finden.

Nennen Sie dieses epische Gedichte, Trauerspiele, Lustspiele, Idyllen oder blosse Landgedichte. Alle diese hőhere und niedere Poesie treffen Sie auch in der Mahlerey an. Man hat niemals verlangt, den erfindsamen Geist auf die bekanntesten Gattungen der Werke beyder Kůnste einzuschrånken. Eben so wenig hat der Dichter, oder der Mahler, oft auch nur an solche Aehnlichkeit gedacht, die aus dem gemeinschaftlichen Grundsatze nothwendig fliesset. Aber die Aehnlichkeit selbst hat darum dem Auge der Kunstrichter nicht entwischen dürfen. [...]

Christian Ludwig von Hagedorn: Betrachtungen ůber die Mahlerey. Erster Theil. Leipzig 1762, S. 32f. Ausschnitt.

IV. »Man nehme aber seinen Gegenstand aus der Natur, aus dem Ideal ...«

1. Immanuel Kant: Beobachtungen über das Gefühl des Schönen und Erhabenen

(1764)

[...] Das feinere Gefühl, was wir nun erwägen wollen, ist vornehmlich zwiefacher Art: Das Gefühl des *Erhabenen* und des *Schönen.* Die Rührung von beiden ist angenehm, aber auf sehr verschiedene Weise. Der Anblick eines Gebirges, dessen beschneite Gipfel sich über Wolken erheben, die Beschreibung eines rasenden Sturms, oder die Schilderung des höllischen Reichs von *Milton,* erregen Wohlgefallen, aber mit Grausen; dagegen die Aussicht auf blumenreiche Wiesen, Täler mit schlängelnden Bächen, bedeckt von weidenden Herden, die Beschreibung des Elysium, oder *Homers* Schilderung von dem Gürtel der Venus veranlassen auch eine angenehme Empfindung, die aber fröhlich und lächlend ist. Damit jener Eindruck auf uns in gehöriger Stärke geschehen könne, so müssen wir ein *Gefühl* des *Erhabenen,* und, um die letztere recht zu genießen, ein *Gefühl* vor das *Schöne* haben. Hohe Eichen und einsame Schatten im heiligen Haine sind *erhaben,* Blumenbetten, niedrige Hecken und in Figuren geschnittene Bäume sind schön. Die Nacht ist *erhaben,* der Tag ist *schön.* Gemütsarten, die ein Gefühl vor das Erhabene besitzen, werden durch die ruhige Stille eines Sommerabendes, wenn das zitternde Licht der Sterne durch die braune Schatten der Nacht hindurch bricht und der einsame Mond im Gesichtskreise steht, allmählich in hohe Empfindungen gezogen, von Freundschaft, von Verachtung der Welt, von Ewigkeit. Der glänzende Tag flößt geschäftigen Eifer und ein Gefühl vor Lustigkeit ein. Das Erhabene *rührt,* das Schöne *reizt.* Die Miene des Menschen, der im vollen Gefühl des Erhabnen sich befindet, ist ernsthaft, bisweilen starr und erstaunt. Dagegen kündigt sich die lebhafte Empfindung des Schönen durch glänzende Heiterkeit in den Augen, durch Züge des Lächlens und oft durch laute Lustigkeit an. Das Erhabene ist wiederum verschiedener Art. Das Gefühl desselben ist bisweilen mit einigem Grausen oder auch Schwermut, in einigen Fällen bloß mit ruhiger Bewunderung und in noch andern mit einer über einen erhabenen Plan verbreiteten Schönheit begleitet. Das erstere will ich das *Schreckhafterhabene,* das zweite das *Edle* und das dritte das *Prächtige* nennen. Tiefe Einsamkeit ist erhaben, aber auf eine schreckhafte Art. [...]

Immanuel Kant: Beobachtungen über das Gefühl des Schönen und Erhabenen. In: Werke, hrsg. von W. Weischedel, Band 2. Wissenschaftliche Buchgesellschaft, Darmstadt 1968, S. 826f. Ausschnitt.

2. Johann Georg Sulzer: [Natur und Kunst]

(1793)

Das Verfahren der Natur ist deswegen die eigentliche Schule des Künstlers, wo er jede Regel der Kunst lernen kann. An jedem besondern Werke dieser großen Meisterin findet er die genaueste Beobachtung dessen, was zur Vollkommenheit und zur Schönheit gehöret; und je ausgedähnter seine Kenntniß der Natur ist, je mehr hat er Fälle vor sich, wo immer dieselben allgemeinen Grundsätze des Vollkommenen und des Schönen in verschiedenen Gattungen und Arten angetroffen werden. Deswegen kann auch die Theorie der Kunst nichts anders seyn, als das System der Regeln, die durch genaue Beobachtung aus dem Verfahren der Natur abgezogen worden. Jede Regel des Künstlers, die nicht aus dieser Beobachtung der Natur hergeleitet worden, ist etwas blos phantastisches, das keinen wahren Grund hat, und woraus nie etwas Gutes erfolgen kann.

Die Natur handelt nie ohne genau bestimmte Absicht, weder in Hervorbringung eines ganzen Werks, noch in

Darstellung irgend eines einzelen Theiles. Wol dem Künstler, der ihr darin folget, und jeden einzelen Zug seines Werks aus dem Zwek des Ganzen herleitet. In Anordnung der Theile verfährt sie allemal so, daß das Wesentliche von dem weniger Wesentlichen unterstützt und gestärkt wird; selbst dieses weniger Wesentliche ist so sehr genau mit den Hauptttheilen verbunden, daß alles, bis auf die geringste Kleinigkeit wesentlich scheinet. Dadurch wird jedes Werk vollkommen das, was es seyn sollte. In Absicht auf die äußerliche Form ist jedes so angeordnet, daß es sogleich als ein für sich bestehendes Ganzes in die Augen fällt; die Theile sind allemal in dem vollkommensten Ebenmaaße gegen einander, und ähnliche Theile sind immer symmetrisch gestellt. Darneben beobachtet die Natur überall eine so vollkommene Uebereinstimmung alles Aeußerlichen mit dem innern Charakter der Dinge, daß die Gestalt, die Farben, das Rauhe und Glatte, das Weiche und das Harte, immer mit den innern Eigenschaften der Dinge gänzlich übereinkommen. Der menschliche Körper, als das höchste der sichtbaren Schönheit, ist von den besten Lehrern der Kunst jedem Künstler zum Muster empfohlen worden. Man könnte jedes andere Werk der Natur eben sowol zur Regel nehmen, wenn es nicht am schiklichsten wäre das zu wählen, was am deutlichsten in die Augen fällt. [...]

Es giebt Kunstrichter, die dem Künstler rathen, die aus der Natur gewählten Gegenstände zu verschönern. Aber wo ist der Mensch, der dieses zu thun im Stande wäre, da auch der beste Künstler die Schönheit der Natur nie völlig zu erreichen vermag? Meynen diese Kunstrichter, daß man oft von dem, was der in der Natur gewählte Gegenstand hat, etwas verändern, oder weglassen, oder etwas, das er nicht hat, zusetzen soll: so drüken sie sich nicht schiklich aus. Wer würde sagen, daß der den Cicero verschönert hätte, der einen Gedanken, ein Bild von diesem Redner geborget, aber ihm, da seine Absicht bey dem Gebrauch desselben etwas von der Absicht, die der Römer hatte, verschieden ist, eine andre Wendung gegeben, oder etwas darin weggelassen hätte? Wo soll der Künstler Schönheit hernehmen, als aus der einzigen Quelle des Schönen?

Man nehme aber seinen Gegenstand aus der Natur, aus dem Ideal, oder man bilde ihn durch die Phantasie: so muß er, wenn er volle Wůrkung thun soll, durch die Geschiklichkeit des Kůnstlers, wie ein natůrlicher Gegenstand erscheinen. Es muß darin, wie in der Natur selbst, alles passend, ungezwungen, genau zusammenhangend und wahr seyn.

Johann Georg Sulzer: Artikel »Natur«. In: Allgemeine Theorie der Schönen Künste. Dritter Theil. Neue vermehrte zweyte Auflage. Weidmann, Leipzig 1793, S. 508f., 511. Nachdruck: Olms, Hildesheim 1967. Ausschnitte.

V. Der junge und der alte Goethe

1. Georg Christoph Tobler: Die Natur. Fragment

(1783)

Natur! Wir sind von ihr umgeben und umschlungen – unvermögend aus ihr herauszutreten, und unvermögend tiefer in sie hineinzukommen. Ungebeten und ungewarnt nimmt sie uns in den Kreislauf ihres Tanzes auf und treibt sich mit uns fort, bis wir ermüdet sind und ihrem Arme entfallen.

Sie schafft ewig neue Gestalten; was da ist war noch nie, was war kommt nicht wieder – Alles ist neu und doch immer das Alte.

Wir leben mitten in ihr und sind ihr fremde. Sie spricht unaufhörlich mit uns und verrät uns ihr Geheimnis nicht. Wir wirken beständig auf sie und haben doch keine Gewalt über sie.

Sie scheint alles auf Individualität angelegt zu haben und macht sich nichts aus den Individuen. Sie baut immer und zerstört immer und ihre Werkstätte ist unzugänglich.

Sie lebt in lauter Kindern, und die Mutter, wo ist sie? – Sie ist die einzige Künstlerin: aus dem simpelsten Stoffe zu den größten Kontrasten: ohne Schein der Anstrengung zu der größten Vollendung – zur genausten Bestimmtheit immer mit etwas Weichem überzogen. Jedes ihrer Werke hat ein eigenes Wesen, jede ihrer Erscheinungen den isoliertesten Begriff und doch macht alles eins aus.

Sie spielt ein Schauspiel: ob sie es selbst sieht, wissen wir nicht, und doch spielt sies für uns, die wir in der Ecke stehen.

Es ist ein ewiges Leben, Werden und Bewegen in ihr und doch rückt sie nicht weiter. Sie verwandelt sich ewig und ist kein Moment Stillestehen in ihr. Fürs Bleiben hat sie keinen Begriff und ihren Fluch hat sie ans Stillestehen gehängt. Sie ist fest. Ihr Tritt ist gemessen, ihre Ausnahmen selten, ihre Gesetze unwandelbar.

Gedacht hat sie und sinnt beständig; aber nicht als ein Mensch, sondern als Natur. Sie hat sich einen eigenen allumfassenden Sinn vorbehalten, den ihr niemand abmerken kann.

Die Menschen sind all in ihr und sie in allen. Mit allen treibt sie ein freundliches Spiel, und freut sich, je mehr man ihr abgewinnt. Sie treibts mit vielen so im verborgenen, daß sies zu Ende spielt, ehe sies merken.

Auch das Unnatürlichste ist Natur. Wer sie nicht allenthalben sieht, sieht sie nirgendwo recht.

Sie liebet sich selber und haftet ewig mit Augen und Herzen ohne Zahl an sich selbst. Sie hat sich auseinander gesetzt um sich selbst zu genießen. Immer läßt sie neue Genießer erwachsen, unersättlich sich mitzuteilen.

Sie freut sich an der Illusion. Wer diese in sich und andern zerstört, den straft sie als der strengste Tyrann. Wer ihr zutraulich folgt, den drückt sie wie ein Kind an ihr Herz.

Ihre Kinder sind ohne Zahl. Keinem ist sie überall karg, aber sie hat Lieblinge, an die sie viel verschwendet und denen sie viel aufopfert. Ans Große hat sie ihren Schutz geknüpft.

Sie spritzt ihre Geschöpfe aus dem Nichts hervor, und sagt ihnen nicht, woher sie kommen und wohin sie gehen. Sie sollen nur laufen; die Bahn kennt sie.

Sie hat wenige Triebfedern, aber nie abgenutzte, immer wirksam, immer mannigfaltig.

Ihr Schauspiel ist immer neu, weil sie immer neue Zuschauer schafft. Leben ist ihre schönste Erfindung, und der Tod ist ihr Kunstgriff viel Leben zu haben.

Sie hüllt den Menschen in Dumpfheit ein und spornt ihn ewig zum Lichte. Sie macht ihn abhängig zur Erde, träg und schwer und schüttelt ihn immer wieder auf.

Sie gibt Bedürfnisse, weil sie Bewegung liebt. Wunder, daß sie alle diese Bewegung mit so wenigem erreichte. Jedes Bedürfnis ist Wohltat. Schnell befriedigt, schnell wieder erwachsend. Gibt sie eins mehr, so ist's ein neuer Quell der Lust. Aber sie kommt bald ins Gleichgewicht.

Sie setzt alle Augenblicke zum längsten Lauf an und ist alle Augenblicke am Ziel.
Sie ist die Eitelkeit selbst; aber nicht für uns, denen sie sich zur größten Wichtigkeit gemacht hat.
Sie läßt jedes Kind an sich künsteln, jeden Toren über sich richten, tausend stumpf über sich hingehen und nichts sehen, und hat an allen ihre Freude und findet bei allen ihre Rechnung.
Man gehorcht ihren Gesetzen, auch wenn man ihnen widerstrebt, man wirkt mit ihr, auch wenn man gegen sie wirken will.
Sie macht alles, was sie gibt, zur Wohltat, denn sie macht es erst unentbehrlich. Sie säumet, daß man sie verlange, sie eilet, daß man sie nicht satt werde.
Sie hat keine Sprache noch Rede, aber sie schafft Zungen und Herzen durch die sie fühlt und spricht.
Ihre Krone ist die Liebe. Nur durch sie kommt man ihr nahe. Sie macht Klüfte zwischen allen Wesen und alles will sich verschlingen. Sie hat alles isolieret um alles zusammenzuziehen. Durch ein paar Züge aus dem Becher der Liebe hält sie für ein Leben voll Mühe schadlos.
Sie ist alles. Sie belohnt sich selbst und bestraft sich selbst, erfreut und quält sich selbst. Sie ist rauh und gelinde, lieblich und schröklich, kraftlos und allgewaltig. Alles ist immer da in ihr. Vergangenheit und Zukunft kennt sie nicht. Gegenwart ist ihr Ewigkeit. Sie ist gütig. Ich preise sie mit allen ihren Werken. Sie ist weise und still. Man reißt ihr keine Erklärung vom Leibe, trutzt ihr kein Geschenk ab, das sie nicht freiwillig gibt. Sie ist listig, aber zu gutem Ziele, und am besten ists, ihre List nicht zu merken.
Sie ist ganz und doch immer unvollendet. So wie sies treibt, kann sies immer treiben.
Jedem erscheint sie in einer eigenen Gestalt. Sie verbirgt sich in tausend Namen und Termen[1] und ist immer dieselbe.
Sie hat mich hereingestellt, sie wird mich auch herausführen. Ich vertraue mich ihr. Sie mag mit mir schalten. Sie

(1)* Ausdrücke, Termini.

wird ihr Werk nicht hassen. Ich sprach nicht von ihr. Nein, was wahr ist und was falsch ist, alles hat sie gesprochen. Alles ist ihre Schuld, alles ist ihr Verdienst.

Georg Christoph Tobler: Die Natur. In: Goethes Werke, Hamburger Ausgabe, Band 13. Christian Wegner Verlag, Hamburg 1955, S. 45–47.

2. Johann Wolfgang von Goethe: [»Polarität und Steigerung«. Erläuterung zu dem aphoristischen Aufsatz ›Die Natur‹]

(1828)

Jener Aufsatz ist mir vor kurzem aus der brieflichen Verlassenschaft der ewig verehrten Herzogin Anna Amalia mitgeteilt worden; er ist von einer wohlbekannten Hand geschrieben, deren ich mich in den achtziger Jahren in meinen Geschäften zu bedienen pflegte.

Daß ich diese Betrachtungen verfaßt, kann ich mich faktisch zwar nicht erinnern, allein sie stimmen mit den Vorstellungen wohl überein, zu denen sich mein Geist damals ausgebildet hatte. Ich möchte die Stufe damaliger Einsicht einen Komparativ nennen, der seine Richtung gegen einen noch nicht erreichten Superlativ zu äußern gedrängt ist. Man sieht die Neigung zu einer Art von Pantheismus, indem den Welterscheinungen ein unerforschliches, unbedingtes, humoristisches, sich selbst widersprechendes Wesen zum Grunde gedacht ist, und mag als Spiel, dem es bitterer Ernst ist, gar wohl gelten.

Die Erfüllung aber, die ihm fehlt, ist die Anschauung der zwei großen Triebräder aller Natur: der Begriff von *Polarität* und von *Steigerung,* jene der Materie, insofern wir sie materiell, diese ihr dagegen, insofern wir sie geistig denken, angehörig; jene ist in immerwährendem Anziehen und Abstoßen, diese in immerstrebendem Aufsteigen. Weil aber die Materie nie ohne Geist, der Geist nie ohne Materie existiert und wirksam sein kann, so vermag auch die Materie sich zu steigern, so wie sichs der Geist nicht nehmen läßt, anzuziehen und abzustoßen; wie derjenige nur allein zu denken vermag, der genugsam getrennt hat, um zu verbinden, genugsam verbunden hat, um wieder trennen zu mögen. [...]

Goethes Werke, Hamburger Ausgabe, Band 13, s. o., S. 48. Ausschnitt.

3. Johann Wolfgang von Goethe: Probleme [»Natürlich System«]

(1823)
Natürlich System, ein widersprechender Ausdruck. Die Natur hat kein System, sie hat, sie ist Leben und Folge aus einem unbekannten Zentrum, zu einer nicht erkennbaren Grenze. Naturbetrachtung ist daher endlos, man mag ins einzelnste teilend verfahren, oder im ganzen, nach Breite und Höhe die Spur verfolgen. [...]

Goethes Werke, Hamburger Ausgabe, Band 13, s. o., S. 35. Ausschnitt.

4. Johann Wolfgang von Goethe: [»Das Schöne ist ein Urphänomen«]

(18. April 1827)
[...] »Ich muß über die Ästhetiker lachen, sagte Goethe, welche sich abquälen, dasjenige Unaussprechliche, wofür wir den Ausdruck *schön* gebrauchen, durch einige abstrakte Worte in einen Begriff zu bringen. Das Schöne ist ein Urphänomen, das zwar nie selber zur Erscheinung kommt, dessen Abglanz aber in tausend verschiedenen Äußerungen des schaffenden Geistes sichtbar wird, und so mannigfaltig und so verschiedenartig ist als die Natur selber.«
Ich habe oft aussprechen hören, sagte ich, die Natur sey immer schön; sie sey die Verzweiflung des Künstlers, indem er selten fähig sey sie ganz zu erreichen.

»Ich weiß wohl, erwiederte Goethe, daß die Natur oft einen unerreichbaren Zauber entfaltet; allein ich bin keineswegs der Meinung daß sie in allen ihren Äußerungen schön sey. Ihre Intentionen sind zwar immer gut, allein die Bedingungen sind es nicht die dazu gehören sie stets vollkommen zur Erscheinung gelangen zu lassen.« [...]

»Der Künstler, fuhr Goethe fort, muß freilich die Natur im Einzelnen treu und fromm nachbilden, er darf in dem Knochenbau und der Lage von Sehnen und Muskeln eines Thieres nichts willkürlich ändern, so daß dadurch der eigenthümliche Character verletzt würde. – Denn das hieße die Natur vernichten. – Allein in den höheren Regionen des künstlerischen Verfahrens, wodurch ein Bild zum eigentlichen Bilde wird, hat er ein freieres Spiel, und er darf hier sogar zu *Fictionen* schreiten, wie Rubens in dieser Landschaft mit dem doppelten Lichte gethan.«

»Der Künstler hat zur Natur ein zwiefaches Verhältniß: er ist ihr Herr und ihr Sclave zugleich. – Er ist ihr Sclave, insofern er mit irdischen Mitteln wirken muß um verstanden zu werden; ihr Herr aber, insofern er diese irdischen Mittel seinen höheren Intentionen unterwirft und ihnen dienstbar macht.«

»Der Künstler will zur Welt durch ein Ganzes sprechen; dieses Ganze aber findet er nicht in der Natur, sondern es ist die Frucht seines eigenen Geistes, oder, wenn Sie wollen, des Anwehens eines befruchtenden göttlichen Odems.«

Johann Peter Eckermann: Gespräche mit Goethe – in den letzten Jahren seines Lebens, hrsg. von H. H. Houben. Brockhaus, Leipzig [22]1939, S. 490, 494f. Ausschnitte.

5. Johann Wolfgang von Goethe: Gott und Natur

(1808ff.)

»Ich glaube einen Gott!« dies ist ein schönes löbliches Wort; aber Gott anerkennen, wo und wie er sich offenbare, das ist eigentlich die Seligkeit auf Erden.

Wer die Natur als göttliches Organ leugnen will, der leugne nur gleich alle Offenbarung.

»Die Natur verbirgt Gott!« Aber nicht jedem!

Die Natur ist immer Jehovah. Was sie ist, was sie war, und was sie sein wird.

Aus der Natur, nach welcher Seite hin man schaue, entspringt Unendliches.

Alle Verhältnisse der Dinge wahr. Irrtum allein in dem Menschen. An ihm nichts wahr, als daß er irrt, sein Verhältnis zu sich, zu andern, zu den Dingen nicht finden kann.

Die Natur bekümmert sich nicht um irgendeinen Irrtum; sie selbst kann nicht anders als ewig recht handeln, unbekümmert, was daraus erfolgen möge.

Kepler sagte: »Mein höchster Wunsch ist, den Gott, den ich im Äußern überall finde, auch innerlich, innerhalb meiner gleichermaßen gewahr zu werden.« Der edle Mann fühlte, sich nicht bewußt, daß eben in dem Augenblicke das Göttliche in ihm mit dem Göttlichen des Universums in genauester Verbindung stand.

[...]

Johann Wolfgang von Goethe: Maximen und Reflexionen. In: Goethes Werke, Band 12, s. o., S. 365. Ausschnitt.

VI. Das »Innere der Physik« und die »Mysterien der Poesie«

1. Friedrich Schlegel: Ideen

(1799)

(Nr. 28) Der Mensch ist ein schaffender Rückblick der Natur auf sich selbst.

(Nr. 85) Der Kern, das Zentrum der Poesie ist in der Mythologie zu finden und in den Mysterien der Alten. Sättigt das Gefühl des Lebens mit der Idee des Unendlichen, und ihr werdet die Alten verstehen und die Poesie.

(Nr. 86) Schön ist, was uns an die Natur erinnert und also das Gefühl der unendlichen Lebensfülle anregt. Die Natur ist organisch und die höchste Schönheit daher ewig und immer vegetabilisch, und das gleiche gilt auch von der Moral und der Liebe.

(Nr. 99) Willst du ins Innere der Physik dringen, so laß dich einweihen in die Mysterien der Poesie.

(Nr. 103) Wer die Natur nicht durch die Liebe kennenlernt, der wird sie nie kennenlernen.

Friedrich Schlegel: Ideen. In: Werke in zwei Bänden, Band 1. Aufbau-Verlag, Berlin und Weimar 1980, S. 226, 273, 276. Ausschnitte.

2. Novalis: Fragmente und Studien

(1799/1800)

(Nr. 40) Geheimnisse der Kunst jede Naturerscheinung, jedes Naturgesetz zur Formel zu gebrauchen – oder die Kunst analogisch zu construiren.

(Nr. 66) Bilder – allegorische aus der Natur – Mein Neuliches vom Springbronnen-Regenbogen um die Quelle. Aufsteigende Wolken als Quellengebete.

(Nr. 122) Sollte die Natur nicht an sich verständlich seyn – gar keines Commentars bedürftig – bloße Beschreibung – reine Erzählung hinlänglich.

(Nr. 279) Über die Poesie der Natur – die Blüthe ist ganz poetisch.

(Nr. 292) [...] Sollte Poesie nichts, als innere Mahlerey und Musik – etc. seyn. Freylich modificirt durch die Natur des Gemüths.
Man sucht mit der Poesie, die gleichsam nur das mechanische Instrument dazu ist, innre Stimmungen und Gemählde oder Anschauungen hervorzubringen, vielleicht auch geistige Tänze etc. Poesie = Gemütherregungskunst.

(Nr. 354) Die Naturpoesie ist wohl der eigentliche Gegenstand der Kunstpoesie – und die Äußerlichkeiten der poetischen Rede scheinen sonderbare Formeln ähnlicher Verhältnisse, sinnbildliche Zeichen des Poetischen an den Erscheinungen zu seyn. [...]

(Nr. 399) Sonderbar, daß in der Natur uns das Grelle, das Ungeordnete, Unsymmetrische, Unwirthschaftliche nicht misfällt und hingegen bey allen Kunstwerken Milde, schickliches Verlaufen, Harmonie und richtige, gefällige Gegensätze unwillkührlich gefodert werden.
Ohne diese Differenz wäre nie Kunst entstanden. Gerade dadurch ward die Kunst nothwendig und characterisirt.

Novalis: Werke, Tagebücher und Briefe Friedrich von Hardenbergs, hrsg. von H.-J. Mähl und R. Samuel. Band 2. Carl Hanser, München und Wien 1978, S. 757, 761, 769, 799, 801, 812f., 835. Ausschnitte.

VII. Die »Gebote der Wirklichkeit« und die »Öde der Phantasterei«

1. Jean Paul: Vorschule der Ästhetik

(1804)

§ 2 Poetische Nihilisten

Es folgt aus der gesetzlosen Willkür des jetzigen Zeitgeistes – der lieber ichsüchtig die Welt und das All vernichtet, um sich nur freien *Spiel*-Raum im Nichts auszuleeren, und welcher den *Verband* seiner Wunden als eine *Fessel* abreißet –, daß er von der Nachahmung und dem Studium der Natur verächtlich sprechen muß. Denn wenn allmählich die Zeitgeschichte einem Geschichtschreiber gleich wird und ohne Religion und Vaterland ist: so muß die Willkür der Ichsucht sich zuletzt auch an die harten, scharfen Gebote der Wirklichkeit stoßen und daher lieber in die Öde der Phantasterei verfliegen, wo sie keine Gesetze zu befolgen findet als eigne, engere, kleinere, die des Reim- und Assonanzen-Baues. Wo einer Zeit Gott, wie die Sonne, untergehet; da tritt bald darauf auch die Welt in das Dunkel; der Verächter des All achtet nichts weiter als sich und fürchtet sich in der Nacht vor nichts weiter als vor seinen Geschöpfen. Spricht man denn nicht jetzo von der Natur, als wäre diese Schöpfung eines Schöpfers – worin ihr Maler selber nur ein Farbenkorn ist – kaum zum Bildnagel, zum Rahmen der schmalen gemalten eines Geschöpfes tauglich; als wäre nicht das Größte gerade wirklich, das Unendliche? Ist nicht die Geschichte das höchste Trauer- und Lustspiel? Wenn uns der Verächter der Wirklichkeit nur zuerst die Sternenhimmel, die Sonnenuntergänge, die Wasserfälle, die Gletscherhöhen, die Charaktere eines Christus, Epaminondas, der Katos vor die Seele bringen wollten, sogar mit den Zufälligkeiten der Kleinheit, welche uns die Wirklichkeit verwirren, wie der große Dichter die seinige durch kecke Nebenzüge; dann hätten sie ja das Gedicht der Gedichte gegeben und Gott wiederholt. Das All ist das höchste, kühnste Wort der Sprache, und der seltenste Gedanke: denn die meisten schauen im Universum nur den Marktplatz ihres engen Lebens an, in der Geschichte der Ewigkeit nur ihre eigene Stadtgeschichte. [...]

§ 3 Poetische Materialisten

Aber ist es denn einerlei, *die* oder *der* Natur nachzuahmen, und ist Wiederholen Nachahmen? – Eigentlich hat der Grundsatz, die Natur treu zu kopieren, kaum einen Sinn. Da es nämlich unmöglich ist, ihre Individualität durch irgendein Nachbild zu erschöpfen; da folglich das letzte allezeit zwischen Zügen, die es wegzulassen, und solchen, die es aufzunehmen hat, auswählen muß: so geht die Frage der Nachahmung in die neue über, nach welchem Gesetze, an welcher Hand die Natur sich in das Gebiet der Poesie erhebe. [...]

Wir kommen zum Grundsatze der poetischen Nachahmung zurück. Wenn in dieser das Abbild mehr als das Urbild enthält, ja sogar das Widerspiel gewährt – z. B. ein gedichtetes Leiden Lust –: so entsteht dies, weil eine doppelte Natur zugleich nachgeahmt wird, die äußere und die innere, beide ihre Wechselspiegel. Man kann dieses mit einem scharfsinnigen Kunstrichter sehr gut »Darstellung der Ideen durch Naturnachahmung« nennen. Das Bestimmtere gehört in den Artikel vom Genie. Die äußere Natur wird in jeder innern eine andere, und diese Brotverwandlung ins Göttliche ist der geistige poetische Stoff, welcher, wenn er echt poetisch ist, wie eine anima Stahlii[2] seinen Körper (die Form) selber bauet, und ihn nicht erst angemessen und zugeschnitten bekommt. Dem Nihilisten mangelt der Stoff und daher die belebte Form; dem Materialisten mangelt belebter Stoff und daher wieder die

(2)* Nach der Lehre des Arztes und Chemikers G. E. Stahl (1660–1734) durchpulst die Seele jedes einzelne Glied des Körpers und hält diesen erst zusammen.

Form; kurz, beide durchschneiden sich in Unpoesie. Der Materialist hat die Erdscholle, kann ihr aber keine lebendige Seele einblasen, weil sie nur Scholle, nicht Körper ist; der Nihilist will beseelend blasen, hat aber nicht einmal Scholle. Der rechte Dichter wird in seiner Vermählung der Kunst und Natur sogar dem Parkgärtner, welcher seinem Kunstgarten die Naturumgebungen gleichsam als schrankenlose Fortsetzungen desselben anzuweben weiß, nachahmen, aber mit einem höhern Widerspiele, und er wird begrenzte Natur mit der Unendlichkeit der Idee umgeben und jene wie auf einer Himmelfahrt in diese verschwinden lassen. [...]

Jean Paul: Vorschule der Ästhetik. In: Werke, Band 5, hrsg. von N. Müller. Hanser, München 1962, S. 31, 34, 43. Ausschnitte.

2. Georg Wilhelm Friedrich Hegel: [Lehrgedicht und beschreibende Poesie]

(um 1820)

a. Des Lehrgedichts haben wir in dieser Hinsicht schon erwähnt. Ohne Schilderung äußerer Zustände und einzelner Erscheinungen, ohne episodisches Erzählen von mythologischen und sonstigen Beispielen usf. kann es selten auskommen. Durch solches Parallelgehen aber des geistig Allgemeinen und äußerlich Einzelnen ist statt einer vollständig durchgebildeten Vereinigung nur eine ganz beiläufige Beziehung gesetzt, welche außerdem nicht einmal den totalen Inhalt und dessen gesamte Kunstform, sondern nur einzelne Seiten und Züge betrifft.

b. Mehr schon findet eine solche Bezüglichkeit zum großen Teil bei der beschreibenden Poesie statt, insofern sie ihre Schilderungen mit Empfindungen begleitet, welche der Anblick der landschaftlichen Natur, der Wechsel der Tageszeiten, der Naturabschnitte des Jahres, ein waldbewachsener Hügel, ein See oder murmelnder Bach, ein Kirchhof, ein freundlich gelegenes Dorf, eine stille, trauliche Hütte erregen können. Wie im Lehrgedicht treten deshalb auch in der beschreibenden Poesie Episoden als belebende Staffage ein, besonders die Schilderung rührender Gefühle, der süßen Melancholie z. B., oder kleiner Vorfallenheiten aus dem Kreise des menschlichen Lebens in untergeordneten Sphären. Dieser Zusammenhang aber der geistigen Empfindung und äußeren Naturerscheinung kann auch hier noch ganz äußerlich sein. Denn das Naturlokal ist für sich als selbständig vorhanden vorausgesetzt, der Mensch tritt zwar hinzu und empfindet dieses und jenes dabei, aber die äußere Gestalt und die innere Empfindsamkeit im Mondschein, in Wäldern und Tälern bleiben einander äußerlich. Ich bin dann nicht der Ausleger, Begeisterer der Natur, sondern empfinde nur bei dieser Gelegenheit eine ganz unbestimmte Harmonie meines soundso erregten Inneren und der vorliegenden Gegenständlichkeit. Bei uns Deutschen besonders ist dies die allerbeliebteste Form: Naturschilderungen und daneben, was einem bei dergleichen Naturszenen eben an schönen Gefühlen und Herzensergüssen einfallen kann. Es ist dies ein allgemeiner Heerstraßenweg, den jeder entlangzugehen vermag. Selbst mehrere Klopstocksche Oden haben diesen Ton angestimmt. [. . .]

Georg Wilhelm Friedrich Hegel: Ästhetik, hrsg. von F. Bassenge, Band 1, 2. Auflage. Europäische Verlagsanstalt, Frankfurt am Main o. J. ([1]1955), S. 410f. Ausschnitt.

VIII. Der »große Weltriß« und »erlogene Grünlichkeiten«

1. Heinrich Heine: [»Erlogene Grünlichkeiten«]

(1830)

[...] »Dann und wann gebe ich ihm [d. h. seinem Bedienten] selbst Unterricht in der Bildung. Ich sage ihm oft: ›Was ist Geld? Geld ist rund und rollt weg, aber Bildung bleibt.‹ Ja, Herr Doktor, wenn ich, was Gott verhüte, mein Geld verliere, so bin ich doch noch immer ein großer Kunstkenner, ein Kenner von Malerei, Musik und Poesie. Sie sollen mir die Augen zubinden und mich in der Galerie zu Florenz herumführen, und bei jedem Gemälde, vor welches Sie mich hinstellen, will ich Ihnen den Maler nennen, der es gemalt hat, oder wenigstens die Schule, wozu dieser Maler gehört. Musik? Verstopfen Sie mir die Ohren, und ich höre doch jede falsche Note. Poesie? Ich kenne alle Schauspielerinnen Deutschlands, und die Dichter weiß ich auswendig. Und gar Natur! Ich bin zweihundert Meilen gereist, Tag und Nacht durch, um in Schottland einen einzigen Berg zu sehen. Italien aber geht über alles. Wie gefällt Ihnen hier diese Naturgegend? Welche Schöpfung! Sehen Sie mal die Bäume, die Berge, den Himmel, da unten das Wasser – ist nicht alles wie gemalt? Haben Sie es je im Theater schöner gesehen? Man wird sozusagen ein Dichter! Verse kommen einem in den Sinn, und man weiß nicht woher: –

Schweigend, in der Abenddämmrung Schleier,
Ruht die Flur, das Lied der Haine stirbt;
Nur daß hier im alternden Gemäuer
Melancholisch noch ein Heimchen zirpt.«

Diese erhabenen Worte deklamierte der Marchese mit überschwellender Rührung, indem er, wie verklärt, in das lachende, morgenhelle Tal hinabschaute.

Als ich einst an einem schönen Frühlingstage unter den Berliner Linden spazierenging, wandelten vor mir zwei Frauenzimmer, die lange schwiegen, bis endlich die eine schmachtend aufseufzte: »Ach, die jrine Beeme!«, worauf die andre, ein junges Ding, mit naiver Verwundrung fragte: »Mutter, was gehn Ihnen die jrine Beeme an?«
Ich kann nicht umhin zu bemerken, daß beide Personen zwar nicht in Seide gekleidet gingen, jedoch keineswegs zum Pöbel gehörten, wie es denn überhaupt in Berlin keinen Pöbel gibt, außer etwa in den höchsten Ständen. Was aber jene naive Frage selbst betrifft, so kommt sie mir nie aus dem Gedächtnisse. Überall, wo ich unwahre Naturempfindung und dergleichen grüne Lügen ertappe, lacht sie mir ergötzlich durch den Sinn. Auch bei der Deklamation des Marchese wurde sie in mir laut, und den Spott auf meinen Lippen erratend, rief er verdrießlich: »Stören Sie mich nicht – Sie haben keinen Sinn für reine Natürlichkeit – Sie sind ein zerrissener Mensch, ein zerrissenes Gemüt, sozusagen ein Byron.«
Lieber Leser, gehörst du vielleicht zu jenen frommen Vögeln, die da einstimmen in das Lied von byronischer Zerrissenheit, das mir schon seit zehn Jahren, in allen Weisen, vorgepfiffen und vorgezwitschert worden und sogar im Schädel des Marchese, wie du oben gehört hast, sein Echo gefunden? Ach, teurer Leser, wenn du über jene Zerrissenheit klagen willst, so beklage lieber, daß die Welt selbst mitten entzweigerissen ist. Denn da das Herz des Dichters der Mittelpunkt der Welt ist, so mußte es wohl in jetziger Zeit jämmerlich zerrissen werden. Wer von seinem Herzen rühmt, es sei ganz geblieben, der gesteht nur, daß er ein prosaisches, weitabgelegenes Winkelherz hat. Durch das meinige ging aber der große Weltriß, und eben deswegen weiß ich, daß die großen Götter mich vor vielen anderen hoch begnadigt und des Dichtermärtyrtums würdig geachtet haben.
Einst war die Welt ganz, im Altertum und im Mittelalter, trotz der äußeren Kämpfe gab's doch noch immer eine Welteinheit, und es gab ganze Dichter. Wir wollen diese Dichter ehren und uns an ihnen erfreuen; aber jede

Nachahmung ihrer Ganzheit ist eine Lüge, eine Lüge, die jedes gesunde Auge durchschaut und die dem Hohne dann nicht entgeht. Jüngst, mit vieler Mühe, verschaffte ich mir in Berlin die Gedichte eines jener Ganzheitdichter, der über meine byronische Zerrissenheit so sehr geklagt, und bei den erlogenen Grünlichkeiten, den zarten Naturgefühlen, die mir da, wie frisches Heu, entgegendufteten, wäre mein armes Herz, das schon hinlänglich zerrissen ist, fast auch vor Lachen geborsten, und unwillkürlich rief ich: »Mein lieber Herr Intendanturrat Wilhelm Neumann, was gehn Ihnen die jrine Beeme an?«

»Sie sind ein zerrissener Mensch, sozusagen ein Byron« – wiederholte der Marchese, sah noch immer verklärt hinab ins Tal, schnalzte zuweilen mit der Zunge am Gaumen vor andächtiger Bewunderung – »Gott! Gott! alles wie gemalt!«

Armer Byron! solches ruhige Genießen war dir versagt! War dein Herz so verdorben, daß du die Natur nur sehen, ja sogar schildern, aber nicht von ihr beseligt werden konntest? Oder hat Bishy Shelley recht, wenn er sagt, du habest die Natur in ihrer keuschen Nacktheit belauscht und wurdest deshalb, wie Aktäon, von ihren Hunden zerrissen! [. . .]

Heinrich Heine: Reisebilder. Dritter Teil. Die Bäder von Lucca, Kapitel 3 und 4. In: Werke und Briefe in zehn Bänden, hrsg. von H. Kaufmann, Band 3. Aufbau-Verlag, Berlin und Weimar ³1980, S. 284–287. Ausschnitt.

2. Ludolf Wienbarg: [Natur und Kunst]

(1834)

[. . .] Die Kunst gehört dem Reiche der Freiheit, die Natur dem Reiche der Nothwendigkeit an, die Kunst kann nur wollen, und ihrem Willen gelingt das Schönste, die Natur aber, beim besten Willen, sieht sich nicht selten genöthigt, durch den Schrei der nackten Existenz innerlich gezwungen, ihren auf das Schöne gerichteten Willen zu brechen und zunächst nur die ärmlichen Forderungen des Daseins zu erfüllen. Die ganze Organisation ist ja nur die Frucht eines Kampfes der bildenden Natur mit den rohen und regellosen Kräften des Chemischen, Unorganischen, Chaotischen, das von allen Seiten auf das Organische eindringt, tückisch auf jede Blöße lauert, welche dasselbe darbietet und dann sogleich den tragenden, zerstörenden Zahn unmittelbar auf den Nerv der kranken Stelle heftet. [. . .]

Nicht das Wirkliche als wirklich will der Künstler nachahmen, sondern dem Wirklichen eine künstlerische Bedeutung geben. Der Künstler hütet sich wohl, die marmornen Wangen seiner Diane roth zu färben. Er vermeidet selbst den Schein, als habe er mit der Natur wetteifern wollen. Er verachtet den Trug natürlicher Lebendigkeit, jedes Insekt, das auf dem Boden kriecht, würde ihn beschämen. Er fühlt sich nicht geschmeichelt, wenn sein Gemaltes oder Gemeißeltes des Zuschauers Sinne in die Täuschung versetzt, als sei es ein Lebendiges und Leibhaftes. [. . .]

Ludolf Wienbarg: Ästhetische Feldzüge. Dem jungen Deutschland gewidmet. Hoffmann und Campe, Hamburg 1834, S. 81f., S. 190f. Ausschnitte.

IX. »Die verlorene Natur«

1. Rainer Maria Rilke: [»Die Landschaft ist ein Fremdes für uns«]

(1903)

[...] Denn gestehen wir es nur: die Landschaft ist ein Fremdes für uns, und man ist furchtbar allein unter Bäumen, die blühen, und unter Bächen, die vorübergehen. Allein mit einem toten Menschen, ist man lange nicht so preisgegeben wie allein mit Bäumen. Denn so geheimnisvoll der Tod sein mag, geheimnisvoller noch ist ein Leben, das nicht unser Leben ist, das nicht an uns teilnimmt und gleichsam ohne uns zu sehen seine Feste feiert, denen wir mit einer gewissen Verlegenheit, wie zufällig kommende Gäste, die eine andere Sprache sprechen, zusehen.

Freilich, da könnte mancher sich auf unsere Verwandtschaft mit der Natur berufen, von der wir doch abstammen als die letzten Früchte eines großen aufsteigenden Stammbaumes. Wer das tut, kann aber auch nicht leugnen, daß dieser Stammbaum, wenn wir ihn, von uns aus, Zweig für Zweig, Ast für Ast, zurückverfolgen, sehr bald sich im Dunkel verliert; in einem Dunkel, welches von ausgestorbenen Riesentieren bewohnt wird, von Ungeheuern voll Feindseligkeit und Haß, und daß wir, je weiter wir nach rückwärts gehen, zu immer fremderen und grausameren Wesen kommen, so daß wir annehmen müssen, die Natur als das grausamste und fremdeste von allen im Hintergrunde zu finden. Daran ändert der Umstand, daß die Menschen seit Jahrtausenden mit der Natur verkehren, nur sehr wenig; denn dieser Verkehr ist sehr einseitig. Es scheint immer wieder, daß die Natur nichts davon weiß, daß wir sie bebauen und uns eines kleinen Teils ihrer Kräfte ängstlich bedienen. Wir steigern in manchen Teilen ihre Fruchtbarkeit und ersticken an anderen Stellen mit dem Pflaster unserer Städte wundervolle Frühlinge, die bereit waren, aus den Krumen zu steigen. Wir führen die Flüsse zu unseren Fabriken hin, aber sie wissen nicht von den Maschinen, die sie treiben. Wir spielen mit dunklen Kräften, die wir mit unseren Namen nicht erfassen können, wie Kinder mit dem Feuer spielen, und es scheint einen Augenblick, als hätte alle Energie bisher ungebraucht in den Dingen gelegen, bis wir kamen, um sie auf unser flüchtiges Leben und seine Bedürfnisse anzuwenden. Aber immer und immer wieder in Jahrtausenden schütteln die Kräfte ihre Namen ab und erheben sich, wie ein unterdrückter Stand, gegen ihre kleinen Herren, ja nicht einmal *gegen* sie, – sie stehen einfach auf, und die Kulturen fallen von den Schultern der Erde, die wieder groß ist und weit und allein mit ihren Meeren, Bäumen und Sternen.

Was bedeutet es, daß wir die äußerste Oberfläche der Erde verändern, daß wir ihre Wälder und Wiesen ordnen und aus ihrer Rinde Kohlen und Metalle holen, daß wir die Früchte der Bäume empfangen, als ob sie für uns bestimmt wären, wenn wir uns daneben einer einzigen Stunde erinnern, in welcher die Natur handelte über uns, über unser Hoffen, über unser Leben hinweg, mit jener erhabenen Hoheit und Gleichgültigkeit, von der alle ihre Gebärden erfüllt sind. Sie weiß nichts von uns. Und was die Menschen auch erreicht haben mögen, es war noch keiner so groß, daß sie teilgenommen hätte an seinem Schmerz, daß sie eingestimmt hätte in seine Freude. Manchmal begleitete sie große und ewige Stunden der Geschichte mit ihrer mächtigen brausenden Musik oder sie schien um eine Entscheidung windlos, mit angehaltenem Atem stille zu stehn oder einen Augenblick geselliger harmloser Froheit mit flatternden Blüten, schwankenden Faltern und hüpfenden Winden zu umgeben, – aber nur, um im nächsten Momente sich abzuwenden und den im Stiche zu lassen, mit dem sie eben noch alles zu teilen schien.

Der gewöhnliche Mensch, der mit den Menschen lebt und die Natur nur so weit sieht, als sie sich auf ihn bezieht, wird dieses rätselhaften und unheimlichen Verhältnisses selten gewahr. Er sieht die Oberfläche der Dinge, die er und seinesgleichen seit Jahrhunderten geschaffen haben, und glaubt gerne, die ganze Erde nehme an ihm teil, weil man ein Feld bebauen, einen Wald lichten und einen Fluß schiffbar machen kann. Sein Auge, welches fast nur auf Menschen eingestellt ist, sieht die Natur nebenbei mit, als ein Selbstverständliches und Vorhandenes, das soviel als möglich ausgenutzt werden muß. Anders schon sehen Kinder die Natur; einsame Kinder besonders, welche unter Erwachsenen aufwachsen, schließen sich ihr mit einer Art von Gleichgesinntheit an und leben in ihr, ähnlich den kleinen Tieren, ganz hingegeben an die Ereignisse des Waldes und des Himmels und in einem unschuldigen, scheinbaren Einklang mit ihnen. Aber darum kommt später für Jünglinge und junge Mädchen jene einsame, von vielen tiefen Melancholien zitternde Zeit, da sie, gerade in den Tagen des körperlichen Reifwerdens, unsäglich verlassen, fühlen, daß die Dinge und Ereignisse in der Natur *nicht mehr* und die Menschen *noch nicht* an ihnen teilnehmen. Es wird Frühling, obwohl sie traurig sind, die Rosen blühen und die Nächte sind voll Nachtigallen, obwohl sie sterben möchten, und wenn sie endlich wieder zu einem Lächeln kommen, dann sind die Tage des Herbstes da, die schweren, gleichsam unaufhörlich fallenden Tage des November, hinter denen ein langer lichtloser Winter kommt. Und auf der anderen Seite sehen sie die Menschen, in gleicher Weise fremd und teilnahmslos, ihre Geschäfte, ihre Sorgen, ihre Erfolge und Freuden haben, und sie verstehen es nicht. Und schließlich bescheiden sich die Einen und gehen zu den Menschen, um ihre Arbeit und ihr Los zu teilen, um zu nützen, zu helfen und der Erweiterung dieses Lebens irgendwie zu dienen, während die Anderen, die die verlorene Natur nicht lassen wollen, ihr nachgehen und nun versuchen, bewußt und mit Aufwendung eines gesammelten Willens, ihr wieder so nahe zu kommen, wie sie ihr, ohne es recht zu wissen, in der Kindheit waren. Man begreift, daß diese letzteren Künstler sind: Dichter oder Maler, Tondichter oder Baumeister, Einsame im Grunde, die, indem sie sich der Natur zuwenden, das Ewige dem Vergänglichen, das im tiefsten Gesetzmäßige dem vorübergehend Begründeten vorziehen und die, da sie die Natur nicht überreden können, an ihnen teilzunehmen, ihre Aufgabe darin sehen, die Natur zu erfassen, um sich selbst irgendwo in ihre großen Zusammenhänge einzufügen. Und mit diesen einzelnen Einsamen nähert sich die ganze Menschheit der Natur. Es ist nicht der letzte und vielleicht der eigentümlichste Wert der Kunst, daß sie das Medium ist, in welchem Mensch und Landschaft, Gestalt und Welt sich begegnen und finden. In Wirklichkeit leben sie nebeneinander, kaum voneinander wissend, und im Bilde, im Bauwerk, in der Symphonie, mit einem Worte: in der Kunst scheinen sie sich, wie in einer höheren prophetischen Wahrheit, zusammenzuschließen, aufeinander zu berufen, und es ist, als ergänzten sie einander zu jener vollkommenen Einheit, die das Wesen des Kunstwerks ausmacht.

Unter diesem Gesichtspunkt scheint es, als läge das Thema und die Absicht aller Kunst in dem Ausgleich zwischen dem Einzelnen und dem All und als wäre der Moment der Erhebung, der künstlerisch-wichtige Moment, derjenige, in welchem die beiden Waagschalen sich das Gleichgewicht halten. Und in der Tat, es wäre sehr verlockend, diese Beziehung in verschiedenen Kunstwerken nachzuweisen, zu zeigen, wie eine Symphonie die Stimmen eines stürmischen Tages mit dem Rauschen unseres Blutes zusammenschmilzt, wie ein Bauwerk halb unser, halb eines Waldes Ebenbild sein kann. Und ein Bildnis machen, heißt das nicht, einen Menschen wie eine Landschaft sehen, und gibt es eine Landschaft ohne Figuren, welche nicht ganz erfüllt ist davon, von dem zu erzählen, der sie gesehen hat? Wunderliche Beziehungen ergeben sich da. Manchmal sind sie in reichem, fruchtbaren Kontrast nebeneinandergesetzt, manchmal scheint der Mensch aus der Landschaft, ein andres Mal die Landschaft aus dem Menschen hervorzugehen, und dann wieder haben sie sich ebenbürtig und geschwisterlich vertragen. [. . .]

Rainer Maria Rilke: Worpswede. In: Sämtliche Werke, hrsg. vom Rilke-Archiv, Band 5. Insel, Frankfurt am Main 1965, S. 10–13. Ausschnitt.

2. Bertolt Brecht: Herr K. und die Natur

(nach 1930)

Befragt über sein Verhältnis zur Natur, sagte Herr K.: »Ich würde gern mitunter aus dem Haus tretend ein paar Bäume sehen. Besonders da sie durch ihr der Tages- und Jahreszeit entsprechendes Andersaussehen einen so besonderen Grad von Realität erreichen. Auch verwirrt es uns in den Städten mit der Zeit, immer nur Gebrauchsgegenstände zu sehen, Häuser und Bahnen, die unbewohnt leer, unbenutzt sinnlos wären. Unsere eigentümliche Gesellschaftsordnung läßt uns ja auch die Menschen zu solchen Gebrauchsgegenständen zählen, und da haben Bäume wenigstens für mich, der ich kein Schreiner bin, etwas beruhigend Selbständiges, von mir Absehendes, und ich hoffe sogar, sie haben selbst für die Schreiner einiges an sich, was nicht verwertet werden kann.«

»Warum fahren Sie, wenn Sie Bäume sehen wollen, nicht einfach manchmal ins Freie?« fragte man ihn. Herr Keuner antwortete erstaunt: »Ich habe gesagt, ich möchte sie sehen *aus dem Hause tretend.«*

(Herr K. sagte auch: »Es ist nötig für uns, von der Natur einen sparsamen Gebrauch zu machen. Ohne Arbeit in der Natur weilend, gerät man leicht in einen krankhaften Zustand, etwas wie Fieber befällt einen.«)

Bertolt Brecht: Gesammelte Werke in 20 Bänden, Band 12. Suhrkamp, Frankfurt am Main 1967, S. 381f.

X. Die »Begreiflichkeit der Welt … als Mechanismus« – Erlebnis und Begriff

1. Gottfried Benn: Nach dem Nihilismus

(1931)

[...] Was den Nihilismus angeht, so ist ja vieles über ihn bekannt, einiges zu seiner Entstehungsgeschichte in dem Aufsatz ›Goethe und die Naturwissenschaften‹ von mir beigetragen. Aus ihm ersehen wir, daß ein Zeitalter, in dem sich das schöpferische Leben der Nation in einem geschlossenen geistigen Raum vollzog, den auch die inneren Kämpfe, die der Generationen gegeneinander, die der Weltanschauungen untereinander, nicht durchbrachen, da *ein* Glaube, *ein* Gefühl unangetastet über allen Verwandlungen blieb, ein solches Zeitalter für Deutschland das siebzehnte und achtzehnte Jahrhundert gewesen zu sein scheint, und wir sehen es enden etwa mit Goethes Tod. Der Glaube oder das Gefühl, das über dem Aufgang dieser Epoche stand, hieß: Gott, das über dem Ende hieß: die Natur. Aber eine Natur, deren Vorstellung sich unter dem Einfluß von Leibniz und Spinoza gebildet hatte, Natur: ein pantheistisches All, zwar schon atomisiert oder vielmehr, da es den Ausdruck Atom noch nicht gab, er entstand erst 1805 durch die chemischen Untersuchungen von Dalton, schon ein in Monaden aufgeteiltes All, aber die oberste Monade hieß noch Gott, und wir lesen ja auch bei Goethe diesen Ausdruck noch sehr häufig. Noch häufiger allerdings den unpersönlich universalistischen Ausdruck Natur, der sein eigentlicher Ausdruck ist, einer Natur, noch ganz irrational empfunden, lyrisch in Strophen an den Mond begrüßt, noch einmal die alte verhüllte mütterliche Natur, man reißt ihr keine Erklärungen vom Leibe, sagt er, sie ist alles, ich vertraue mich ihr, sie mag mit mir schalten, ich preise sie in all ihren Werken –, und diese Sätze aus dem Hymnus an die Natur vom Jahre 1782, die im Tiefurter Journal standen, sind gewissermaßen die Abschiedsworte des Abendlandes an eine Welt, die seit zweitausend Jahren, also seit der griechischen Mythologie, als durchseelt empfunden, in Bäumen und Geschöpfen als von Göttern durchlebt dem Menschen beigegeben galt. Um die Zeit von Goethes Tod begann die Auflösung dieses Gefühls. Es entstand das Weltbild, dem jede Spannung zu einem Jenseits, jede Verpflichtung gegenüber einem außermenschlichen Sein fehlte. Der Mensch wurde die Krone der Schöpfung und der Affe sein Lieblingstier, von ihm ließ er sich nun phylogenetisch bestätigen, bis zu welcher Herrlichkeit er sich in seinem Kraft- und Stoffwechsel ertüchtigt hatte. Zwei Daten sind auf diesem Weg von außerordentlicher Wichtigkeit, sie verleihen dem neuen Zeitalter seine chronologische Basis und seiner Wahrheit ihren angeblichen Halt. Das erste Datum ist der 23. Juli 1847, es ist das Datum jener Sitzung in der Berliner Physikalischen Gesellschaft, in der Helmholtz das von Robert Mayer aufgeworfene Problem von der Erhaltung der Energie mechanisch begründete und als allgemeines Naturgesetz vorrechnete. An diesem Tag begann die Vorstellung von der völligen Begreiflichkeit der Welt, ihrer Begreiflichkeit als Mechanismus. Dies Datum ist genauso epochal wie ein früheres, das mit post und ante unter uns lebt. Man vergegenwärtige sich, daß bis zu diesem Tage die Welt für die Menschheit nicht begreifbar, sondern erlebbar war, daß man sie nicht mathematisch-physikalisch anging, errechnete, sondern als Gabe der Schöpfung empfand, erlebte, als Ausdruck des Überirdischen nahm. Um es ganz deutlich zu machen: Goethe hatte gesagt: »Im Erlebnis findet sich der Mensch schon recht eigentlich in der Welt, er braucht sie nicht noch begrifflich zu übersteigen« – jetzt begann die begriffliche Übersteigung, begann die moderne Physik.

Das zweite Datum ist das Jahr 1859, das Erscheinen der Darwinschen Theorie. In die Zeiten rassenhafter Hausse, in das unentwirrbare Konglomerat von riesenhafter Vermehrung des Geschlechts, Eingreifen Wallstreets in den Kapitalmarkt, Kolonisationsräuschen, Trieb- und Luxussteigerung ganzer Kontinente, Wirtschaftsaufstieg wucherungsbereiter Stände, Gründerklemmen, Kaiserreichproklamationen und -debakels fiel diese Theorie von der Ertüchtigung der tierischen Rasse und vom Lohn des Starken für Kampf und Sieg. Aus diesen beiden Daten bekam Europa den neuen Schwung, aus ihnen entstand der neue menschliche Typ, der materialistisch organisierte Gebrauchstyp, der Montagetyp, optimistisch und flachschichtig, jeder Vorstellung einer menschlichen Schicksalhaftigkeit zynisch entwachsen, möglichst wenig Leid für den einzelnen und möglichst viel Behaglichkeit für alle, so hatte ja Comte das neue Zeitalter philosophisch begrüßt. [...]

Gottfried Benn: Gesammelte Werke in vier Bänden. Band 1: Essays – Reden – Vorträge. Limes, Wiesbaden 1959, S. 152–155. Ausschnitt. Jetzt Klett-Cotta, Stuttgart.

2. Bernhard Diebold: [»Die Bogenlampe ist dem Menschen gegenwärtiger als der ewige Mond«]

(1932)

Wohl ist die Natur mit Himmel und Erde, Wald und Wiese ewig der menschlichen Betrachtung vorgestellt – nicht aber dem gleichen Naturgefühl des Menschen, der sich sogar in solchen scheinbar so unveränderlichen Dingen ändert. An Landschaftsmalerei hat das Mittelalter nie gedacht. Berge besteigen war vor Rousseau ein gelinder Wahnsinn. Das Meer war für die Vorzeit mehr Schrecken als Schönheit. Und heute ist »die Natur« dem Volke nicht mehr Idylle wie in der klassischen Poesie. Nicht mehr Idylle! sondern Kulisse zur sausenden Fahrt. Denn selbst das Land hat sich verstädtert. Die Bogenlampe ist dem Menschen gegenwärtiger als der ewige Mond, der ihm auf dunkler Straße einst das einzige Licht war. Aber die meisten der heute dichtenden Jüngsten erleben wie vor hundert Jahren. Sie leisten nicht die visionäre Lyrik der Natur-Entdecker Claudius oder Hölty, die bisher Ungesagtes und Ungehörtes von Baum und Busch zu sagen wußten; oder wie Klopstock, der vielleicht zum ersten Male den Mond nicht nur als Götter-Gegenstand und als poetische Metapher, sondern als kosmischen Freund der Menschen sah. Aber immer noch geht der Mond auch für die meisten Jüngsten noch »stille durch die Abendwolken hin«, während er – aus dem Fenster des Eisenbahnzuges gesehen, da wir schon keine »Wanderer« mehr sind – schon längst in rasendem Lauf um die Erde rotiert, oder als magisches Gesicht zwischen den Leitungsdrähten der Großstadtstraße an ein Universum mahnt, das eine noch viel größere Maschine ist als das städtische Elektrizitätswerk von Tübingen. Kinder, da lebt Ihr mit ländlicher Unschuldsseele in den Großstädten – und selbst Aschaffenburg ist technisierte Großstadt, ja! Und dennoch tut Ihr so, als lebtet Ihr die jüngsten Stunden eures jüngsten Tages in Wald und Hain, im Herbstlaub und auf Frühlingshügeln! Kinder, das ist ja gar nicht wahr. Ihr lebt ja dichtend gar nicht unter eurem Mond – sondern unter Goethes Mond und in Hölderlins oder Mörikes Hain. Für diese Seelenheimat und Natur aber sorgten und werden sorgen für die Ewigkeit: eben Goethe und Mörike – die ich innig liebe und für meine private Seele dringend brauche. Aber Ihr habt außer dem seelischen Gebrauch der klassischen Gedichte als jüngste Lyriker ganz etwas anderes zu leisten! Ihr habt uns diesen momentan so poesiearmen und scheinbar herzlos versachlichten Weltstoff unserer Gegenwart genau so zu verdauen, zu gestalten, zu erhöhen – wie der junge Klopstock, als er *seinen* Mond gebar. Das sind Pseudo-Gedichte, die Ihr aus den Rhythmen der Meisterdichter gewinnt. Das sind Nachklänge. Aber Ihr sollt wie die echten Lyriker Neutöner sein für das Momentane, in dem sich das Ewige spiegelt. Nicht Nach-Klänge – Vor-Klänge in die Zukunft! – das sei die Lyrik der Jüngsten! [. . .]

In: Die Kolonne 1 (1932), S. 2. Ausschnitt.

3. Adrien Turel: [Dichtung und moderne Naturwissenschaft]

(1934)

Die Beziehung von Gedichten lyrischer oder hymnischer Art zur Person ihres Schöpfers oder Verfertigers, um weniger pathetisch zu reden, ist unbestritten und unbestreitbar. Wichtiger aber ist ihre Verkettung mit den allgemeinsten und tiefsten Formgedanken der jeweiligen Epoche, mag dabei die Dichtung führend sein oder nur die Aufgabe erfüllen zu versinnlichen, was in der unsinnlichen Sphäre der höchsten Mathematik erschaut worden ist.

Niemals haben selbst sehr große Dichter es verschmähen dürfen, sich mit der ›Philosophie‹, mit der Astrophysik, Mathematik und Harmonik ihres Zeitalters auseinanderzusetzen.

Nehmen wir als Beispiel das 18. Jahrhundert! Damals setzte sich in schweren Kämpfen gegen andere Anschauungen dasjenige durch, was wir kurz den Newtonismus nennen wollen [...].

Goethes Begriff der ›Wahlverwandtschaften‹ war wohl von vornherein chemisch-physiologisch orientiert und hat hernach, wie sattsam bekannt, in der ›Farbenlehre‹ zu einem jahrzehntelangen Kampf gegen Newton geführt, von dem sich Goethe wie von einem Alp zu befreien sucht. Auch das 19. Jahrhundert stand noch literarisch und dichterisch im Zeichen des Newtonismus. [...] Für uns am Eingang ins 20. Jahrhundert liegt die Sache wiederum ganz anders.

Denn wir stehen unter dem Eindruck einer ungeheuren astrophysikalisch-thematischen Geistesrevolution, die man keineswegs ausschöpft, wenn man sie mit dem Namen Einsteins etiquettiert. Die genialen Ansätze zu diesem, nicht mehr zentrierenden, sondern in harmonischen Gruppen und Folgen arbeitenden Denkens, liegen in der Gruppentheorie des Franzosen Evariste Galois, in der Vektorenrechnung Hamiltons und Grossmanns, und in einer Reihe weiterer philosophisch-mathematischer Schöpfungen des 19. Jahrhunderts, welche das neue Weltbild erst ermöglicht haben.

Alle diese Disziplinen sind noch heute im Publikum, außerhalb der mathematischen Fachkreise, ganz unbekannt, obgleich sie wegen ihres großen philosophischen und künstlerischen Interesses ein anderes Schicksal verdienen würden. [...] Ohne die tief anregende Kenntnis der gruppentheoretischen Disziplinen (unter welcher Bezeichnung ich die obengenannten Denkleistungen des 19. Jahrhunderts zusammenzufassen suche) wäre ich schwerlich zu den Vorstellungen gelangt, denen ich in den folgenden Gedichten zum ersten Mal Gestalt zu geben suche.
Auch beanspruche ich für diese Verse keinerlei Originalität. Vielmehr ist mir gewiß, daß mir ihre Veröffentlichung ganz unwert erscheinen würde, wenn diese Gedichte nicht ein energischer Versuch wären, Vorstellungen der Substitutionstheorie, der Vektorenrechnung usw. für jedermann sinnfällig zu machen. [...]

Adrien Turel: Vorrede zu meiner Gedichtsammlung ›Titanen und Termiten‹, Zürich, 11. 2. 1934. In: Eros Demiurgos. Edition Moderne, Zürich 1959, S. 122–124. Ausschnitte.

XI. Naturlyrik nach 1945

Peter Rühmkorf: Das lyrische Weltbild der Nachkriegsdeutschen

(1962)

[. . .] Die Lage war allerdings nicht ganz undifferenziert. Weil ja die ersten Veröffentlichungen aus den Lagerbeständen bereits bekannter, bereits eingeübter Poeten bestritten wurden, die nun zur Einsicht gaben, was ihnen mit den überkommenen und übernommenen Ausdrucksmitteln zu sagen gegeben war. Das hatte sich einst vor einer zu groß geratenen Zeit ins Geringe und Bescheidene geflüchtet, das hatte sich im Grauen seine Enklave geschaffen und auf heroische Blähsucht mit Kleinkunst geantwortet; nun suchte es sein Publikum, und fand den angemessenen Widerhall bei all jenen, die nach dem Höllentanz wieder Heimchen am Herde sein wollten. Bei denen der Hunger zum täglichen Brot gehört, bei denen das Entsetzen auf der Tagesordnung gestanden hatte und die es jetzt nur noch nach der Windstille in der Zeit verlangte. Nicht Stimulantien waren da gefragt, sondern Tranquilizer, nicht Höhenflug und Höllensturz, sondern Trost, Zuspruch und der Halt am Herkömmlichen. [. . .]
Ich möchte in diesem Zusammenhang behaupten, daß die Naturlyrik so lange kraftvoll, so lange fruchtbar war, als sie sich bestimmter zeittypischer Zu- und Gegenstände annahm, und daß sie immer tiefer in die Öde und in die Irre geriet, wo sie sich von allen gesellschaftlich bedingten Erscheinungsformen dieser Welt emanzipierte. Die besten Beispiele für die günstige Vermählung von Natur- und Zeitpoesie lieferte uns Karl Krolow in einigen suggestiven Soldatengedichten, deren geheimer Doppelsinn in der Bedeutungsüberlagerung von »Feld« und Feldzug liegt.

Und sie speien die Hoffnung wie Tabak, im Munde gekaut,
in den Schlamm vor die Füße und hinken vorbei,

verziehn die gesprungenen Lippen und gehn ohne Laut
unter im Schweigen, im knisternden Scharbockskraut,
im Ohr das Gemurmel der höllischen Wahrsagerei.

[. . .]

5 *Peter Rühmkorf: Das lyrische Weltbild der Nachkriegsdeutschen. In: Die Jahre, die ihr kennt. Rowohlt, Reinbek 1972, S. 88, 91f. Ausschnitte.*

XII. Das Desinteresse der sechziger Jahre an Naturlyrik und die neuerliche Wiederentdeckung der Natur

Hans Christoph Buch: [»Gespräch über Bäume«]

(1977)

»Was sind das für Zeiten, wo / Ein Gespräch über Bäume fast ein Verbrechen ist / Weil es ein Schweigen über so viele Untaten einschließt!« schrieb Brecht in seinem Gedicht ›An die Nachgeborenen‹ und löste damit ein folgenreiches Mißverständnis aus: so als habe er die Natur für die Verbrechen des Faschismus verantwortlich machen wollen. Dabei hätte ein Blick in einen beliebigen Gedichtband von Brecht genügt, um festzustellen, welchen Trost und welche Ermutigung der Dichter des Pflaumenbaums im Hinterhof (»der ist so klein / man glaubt es kaum«) aus der Natur schöpfte, auch wenn er sie, nach eigenem Eingeständnis, »ohne Geduld« ansah.

Nichtsdestoweniger wurde es gerade in der sich progressiv verstehenden Literatur der 60er Jahre Mode, Naturgegenständen mit betontem Desinteresse, wenn nicht gar mit Verachtung zu begegnen: Der deutsche Wald und der deutsche Schäferhund avancierten zum Inbegriff des Faschismus; da die Nazis die Natur zu Propagandazwecken mißbraucht hatten, wurde ihr politisch der Prozeß gemacht. Solche Tendenzen lassen sich in der Lyrik jener Jahre unschwer belegen; gefördert wurden sie u. a. dadurch, daß ältere, konservativere Dichter ihre Absage an den Zeitgeist mit der demonstrativen Hinwendung zu Blumen und Kräutern gekoppelt hatten; Brinkmann hat damals boshaft von »Wegrand-Lyrikern« gesprochen, denen F. C. Delius, in einer Kontroverse mit dem Naturdichter Wilhelm Lehmann, »sterile Esoterik« bescheinigte. Es bedurfte erst der Schocks von Wyhl und Brokdorf, um auch linke Literaten davon zu überzeugen, daß die Erhaltung der natürlichen Umwelt nicht nur ein konservatives Anliegen ist.

Inzwischen greifen neue, nicht weniger folgenschwere Mißverständnisse um sich: Der lange Marsch durch die Institutionen verkürzt sich immer mehr zum Protestmarsch nach Brokdorf oder Gorleben; die rote ist durch die grüne Revolution verdrängt worden; anstatt Basisarbeit in der Fabrik macht man Ferien auf dem Bauernhof. Die Wiederentdeckung der Natur, bis vor kurzem noch synonym mit Ausflippen und großer Verweigerung, ist zum Schlüsselwort für die späten 70er Jahre geworden, so wie der Aufbruch in die Gesellschaft für die späten 60er.

Was ist geschehen? Warum erscheint uns der Satz, daß ein Gespräch über Bäume fast schon ein Verbrechen ist, heute fast schon selbst verbrecherisch? Weil es nicht mehr sicher ist, ob es in hundert Jahren überhaupt noch Bäume geben wird auf dieser Erde, und weil das Schweigen über Bäume das Verschweigen so vieler Untaten einschließt, denen nicht allein Bäume zum Opfer fallen.

In: Tintenfisch, Nr. 12. Wagenbach, Berlin 1977, S. 7f.

Auswahlbibliographie

Ertl, Wolfgang: Natur und Landschaft in der Lyrik der DDR: Walter Werner, Wulf Kirsten und Uwe Greßmann. Akademischer Verlag Heinz, Stuttgart 1982

Fritsch, Gerolf: Das deutsche Naturgedicht. Der fiktionale Text im Kommunikationsprozeß. Metzler, Stuttgart 1978

Haupt, Jürgen: Natur und Lyrik. Naturbeziehungen im 20. Jahrhundert. Metzler, Stuttgart 1983

Heise, Hans-Jürgen: Natur als Erlebnisraum der Dichtung. Essays. Erb, Düsseldorf 1981

Heukenkamp, Ursula: Die Sprache der schönen Natur. Studien zur Naturlyrik. Aufbau-Verlag, Berlin und Weimar 1982

Mecklenburg, Norbert (Hrsg.): Naturlyrik und Gesellschaft. Klett, Stuttgart 1977

Volckmann, Silvia: Zeit der Kirschen? Das Naturbild in der deutschen Gegenwartslyrik: Jürgen Becker, Sarah Kirsch, Wolf Biermann, Hans Magnus Enzensberger/Silvia Volckmann. Forum Academicum in der Verlagsgruppe Athenäum, Hain, Scriptor, Hanstein, 1982 (Hochschulschriften: Literaturwissenschaft; 56). Verlag Anton Hain Meisenheim GmbH, Forum Academicum. Königstein i. Ts. 1982

Editionen für den Literaturunterricht

Herausgeber: Dietrich Steinbach

Anthologien mit Materialienanhang

Mittelalterliche Epik
Klettbuch 35189

Erzählungen der Romantik
Klettbuch 3549

Prosa des Expressionismus
Klettbuch 35162

Erzählprosa aus dem letzten Jahrzehnt der DDR
Klettbuch 35206

Kurzprosa der Gegenwart
Bundesrepublik Deutschland
Österreich · Schweiz
Klettbuch 35204

Mittelalterliche Lyrik
Klettbuch 35176

Barock · Lyrik
Klettbuch 35132

Sturm und Drang · Lyrik
Klettbuch 3525

Klassik · Lyrik
Klettbuch 35179

Romantik · Lyrik
Klettbuch 35178

Vormärz · Lyrik
Klettbuch 3548

Expressionismus · Lyrik
Klettbuch 3547

Experimentelle und Konkrete Poesie – Vom Barock zur Gegenwart Klettbuch 35115

Der deutsche Faschismus in seiner Lyrik · Klettbuch 35135

Erzählgedichte der Gegenwart
Klettbuch 35143

Alltagslyrik und Neue Subjektivität · Klettbuch 35157

Naturlyrik: Vom Barock bis zur Gegenwart · Klettbuch 35188

Fabel und Parabel
Klettbuch 35141

Volksmärchen · Klettbuch 35145

Aufklärung · Sturm und Drang Kunst- und Dichtungstheorien
Klettbuch 35127

Klassik · Kunst- und Dichtungstheorien · Klettbuch 35128

Literatur und Politik in Deutschland während der Französischen Revolution
Klettbuch 35186

Literarisches Leben im Kaiserreich 1871–1918
Klettbuch 35155

Literarisches Leben in der Weimarer Republik
Klettbuch 35156

Literarisches Leben im Exil 1933–1945 · Klettbuch 35183

Literarisches Leben in der DDR
Klettbuch 35182

Literatur in der Bundesrepublik Deutschland, Phasen und Aspekte· Klettbuch 35202

Klett